U0142889

融合方法研究
精簡讀本
量化與質性的融合研究法

John W. Creswell　著

李政賢　譯

五南圖書出版公司　印行

A Concise Introduction to
Mixed Methods Research

John W. Creswell

原著由 Sage Publications, Inc. 於2014年出版

此繁體中文版爲Sage Publications, Inc.授權五南圖書出版

版權所有 翻印必究

前　言

　　首先，我猜想，你會來讀本書，應該是對於探索融合方法研究感到有興趣，或是有心想做這樣的研究。再者，我認為，你想要研究的問題，或許最理想的解答途徑就是透過蒐集和分析量化資料（例如：問卷調查）與質性資料（例如：訪談）。你可知道，將這兩者結合（或融合）在一塊，可以為研究增添許多價值，使你對研究的問題有更完善的理解，那是單單只報告調查結果或訪談結果所難以企及的！當你把這兩者結合在一塊，其中一組是數據資料（問卷調查資料），另一組是文字資料（訪談資料），你要如何來結合呢？你的研究又該如何呈現，使其達到良好的水準呢？

　　歡迎來到本書！在這裡，你可以在最短的時間內，最有效率的掌握融合方法研究的精華，你將會學到，如何把量化和質性方法結合在一起，再者，你也會學到，如何使用嚴謹、有系統的方式，來架構「融合」這些不同的方法，從而順利達到完成研究論文、期刊或研討會發表，以及申請研究獎助等目的。

❖ 本書目的

　　寫作本書的念頭，是起源於過去十到十五年間，我主持融合方法研習工作坊的經驗。這些工作坊主要對象是，初接

觸融合方法的研究者，包括準備採用融合方法來做碩、博士學位論文的研究生，或是申請研究獎助的計畫案當中包含融合方法的大學教授或研究者。我向來採用的作法就是，邀請研習工作坊的參與者，將他們想要發展的融合方法計畫案帶到會場。這種作法似乎效果還不錯，不過我也時常在想，如果來參加研習者，先前已經擁有融合方法的背景，那麼研習的效果應該會增高不少。

比較可惜的是，目前市面上雖然約莫有三十一本書，主要或專門針對融合方法（Onwuegbuzie, 2012），大部分卻都是篇幅頗長的著作——這當中，包括我和 Vicki Plano Clark（Creswell & Plano Clark, 2011）合著的《設計與執行融合方法研究》（*Designing and Conducting Mixed Methods Research*），全書長達 347 頁。許多參與者根本就沒有時間，去研讀那麼長的書。再者，他們可能也撥不出時間，從一般研究方法書籍當中，找出介紹融合方法的章節來研讀（Creswell, 2012）。他們也可能沒有時間，去找尋和閱讀有關融合方法研究作法的期刊文章。

因此，我一直認為，當務之急就是要有一本精簡介紹融合方法的書籍，可以作為參與研習者的入門基礎，並且大約只需要他們撥出二至三個小時，來提前閱讀準備。總之，本書的主要目的就是希望能夠提供融合方法的綜覽介紹，帶領讀者踏上規劃或設計融合方法研究的基礎步驟。本書的特色是要致力於提供精簡扼要的入門指南，而不是全面而澈底處理融合方法的所有面向。話雖如此，本書應該能夠奠定扎實的基礎，有效幫助讀者認識融合方法研究。

❖ **讀者群**

　　這本精簡讀本的融合方法研究入門介紹，目標讀者群包括融合方法的初學者，也適合進階研究人員，作為融合方法的速成複習之用。包括美國與全球各地的社會科學、行為科學和衛生等科學領域的研究者，應該都可以透過本書的介紹，而開始認識融合方法。

❖ **精簡讀本的特色**

　　本書採用了若干特別的設計，希望有助於強化讀者的閱讀速度和效率：每一章內容都短小精簡，參考文獻和案例說明盡可能減縮到最低限度，以避免旁枝末節導致閱讀分心。每章結尾處，【延伸閱讀】摘要彙整補充進修的資源；全書結尾處，【專業術語】特別整理融合方法專有術語小辭庫，提供簡要釋義，方便讀者迅速掌握融合方法的精髓。本書的許多理念和題材，都是擷取自我在 SAGE 出版社和 Pearson 出版社的研究方法書籍（其中有一些是和 Plano Clark 合作編著）。

❖ **章節組織**

　　第 1 章，融合方法研究的定義，以及描述融合方法的關鍵特色。

　　第 2 章，介紹我在辦公室指導學生或同僚設計融合方法研究時，採用的若干步驟。不幸的是，要執行融合方法研

究，除了要精通量化和質性研究技巧之外，也必須具備融合方法研究技巧，而這就有必要進入下一章的主題。

第 3 章，回顧融合方法研究所必備的基本技巧。

第 4 章，融合方法研究案的核心重點——研究設計，討論六種主要的融合方法研究設計類型。

第 5 章，討論如何繪製前述六種主要的融合方法設計類型的研究程序圖解。擬定了融合方法的特定設計類型之後，接下來，就可以開始參考運用第 6 章介紹的項目。

第 6 章，討論如何撰寫研究案的開端部分：【介紹】，包括擬定研究目的宣言與研究問題。

第 7 章，討論規劃研究案的兩個關鍵要素：抽樣和整合，我們會檢視，在各種不同的融合方法設計類型當中，分別要如何進行抽樣和整合。

第 8 章，快速前進到研究過程的最後部分，在研究已經完成之後，這一章會提供關於發表融合方法研究的若干建議。

第 9 章，論稱在融合方法研究全程維持品質的重要性，我們會檢視可供評鑑融合方法研究品質的若干標準。

第 10 章，摘要陳述融合方法研究的若干進展，配合總結本書前面各章介紹討論的主題與要點，並且凸顯數位年代，融合方法的未來發展前景。

最後，一點聲明，在各章節之間，我輪流交替使用量化和質性的先後順序，用以彰顯對於這兩種研究取徑的同等重視。

致謝辭

　　首先，過去十五年來，我主持的融合方法工作坊，承蒙世界各地、各種學門、專業領域的所有參與者盛情支持，諸位的批評、指教讓我受益匪淺，在此獻上由衷的謝意。再者，我要感謝我在 SAGE 出版社親如家人的團隊，你們的長期支持，陪伴我完成一本又一本的研究方法著作。感謝 Vicki Knight，SAGE 出版社主管研究方法、統計和評鑑著作的發行人，你是催生我研究方法著作的大功臣，你的才華讓我的作品生色頗多。最後，還要感謝的是 Tim Guetterman，我在內布拉斯加大學林肯校區指導的博士班學生，也是資深研究助理，你在本書進行的所有階段提供了難以估計的寶貴協助，並且為本書增添了獨到的洞見與研究技能。

作者簡介

John W. Creswell

　　約翰・克雷斯維爾教授，內布拉斯加大學林肯校區，教育心理學教授。除了在大學教書之外，他也發表了許多論文，主題包括融合方法研究、質性研究方法論、綜合研究方法論。另外，他還出版了二十二本書（其中還包括若干本長期暢銷的增訂版），其中許多本書聚焦研究設計的類型、各種質性方法論的對照比較，以及融合方法的本質與運用等。各類出版的書籍，已經翻譯成多國語言，世界各地研究學者與學生爭相學習採用。

　　克雷斯維爾博士曾有五年的時間，在內布拉斯加大學林肯校區，擔任克理弗頓研究院（Clifton Institute）特聘講座教授。另外五年，他在該校擔任質性與融合方法研究室主任，協助從事質性研究與融合方法研究的學者，申請校外的研究獎助。他共同創辦《融合方法研究期刊》（*Journal of Mixed Methods Research*，SAGE 出版社發行），並擔任共同主編職位。另外，他還在密西根大學家庭醫學系，擔任兼任教授，在那裡，他提供研究方法論的諮詢，協助衛生科學與教育學系的研究人員，執行國家衛生研究院與國家科學基金會的研究案。他也非常熱衷參與退役軍人衛生管理局的衛生服務研究，擔任顧問提供研究方法論方面的諮詢服務。

克雷斯維爾博士曾經兩度獲頒傅布萊特資深學者獎金，第一次是在 2008 年，前往南非，五所大學，講授教育和衛生科學領域的融合方法研究。第二次是在 2012 年，前往泰國。

2011 年，克雷斯維爾博士接受美國國家衛生研究院邀請，擔任一個全國性的任務小組共同主持人，負責研擬衛生科學融合方法研究的「最佳實務」。2013 年春季，克雷斯維爾博士獲邀前往哈佛大學公共衛生學院擔任訪問教授。2013 年夏季，他前往英國劍橋大學，主持融合方法訓練。2014 年，南非普勒多利亞大學頒贈名譽博士榮銜。

目　錄

前言　　i

致謝辭　　v

作者簡介　　vii

第 1 章　融合方法研究的基本特徵 ················· 001

本章主題 ·· 001

第 1 節　認識融合方法研究 ····························· 003

第 2 節　什麼是融合方法 ································· 003

第 3 節　什麼不是融合方法 ····························· 004

第 4 節　融合方法的核心特徵 ························· 006

本章建議 ·· 012

延伸閱讀 ·· 013

第 2 章　融合方法研究的設計步驟 ················· 015

本章主題 ·· 015

第 1 節　規劃研究的必要性 ····························· 017

第 2 節　規劃過程的步驟 ································· 018

第 3 節　工作標題 ·· 019

第 4 節　研究問題 ·· 020

第 5 節　研究宗旨或需要解答的問題 ⋯⋯⋯⋯⋯ 021

第 6 節　所要蒐集和分析的資料類型 ⋯⋯⋯⋯⋯ 022

第 7 節　支持採用融合方法的理由 ⋯⋯⋯⋯⋯⋯ 023

第 8 節　具體詳述世界觀或理論 ⋯⋯⋯⋯⋯⋯⋯ 025

第 9 節　定義融合方法 ⋯⋯⋯⋯⋯⋯⋯⋯⋯⋯⋯ 029

第 10 節　圖解、研究程序與設計的選擇 ⋯⋯⋯⋯ 029

第 11 節　潛在的方法論挑戰和效度威脅 ⋯⋯⋯⋯ 031

第 12 節　融合方法研究的目標或目的 ⋯⋯⋯⋯⋯ 032

第 13 節　量化、質性和融合方法研究問題 ⋯⋯⋯ 032

第 14 節　將所有步驟重新加以組織 ⋯⋯⋯⋯⋯⋯ 032

本章建議 ⋯⋯⋯⋯⋯⋯⋯⋯⋯⋯⋯⋯⋯⋯⋯⋯⋯ 033

延伸閱讀 ⋯⋯⋯⋯⋯⋯⋯⋯⋯⋯⋯⋯⋯⋯⋯⋯⋯ 034

第 3 章　執行融合方法研究所需的技巧 ⋯⋯⋯⋯⋯ 035

本章主題 ⋯⋯⋯⋯⋯⋯⋯⋯⋯⋯⋯⋯⋯⋯⋯⋯⋯ 035

第 1 節　執行融合方法研究的必備要件 ⋯⋯⋯⋯ 037

第 2 節　融合方法團隊 ⋯⋯⋯⋯⋯⋯⋯⋯⋯⋯⋯ 038

第 3 節　研究流程當中的個別技巧 ⋯⋯⋯⋯⋯⋯ 041

第 4 節　量化研究的技巧 ⋯⋯⋯⋯⋯⋯⋯⋯⋯⋯ 042

第 5 節　質性研究的技巧 ⋯⋯⋯⋯⋯⋯⋯⋯⋯⋯ 045

本章建議 ⋯⋯⋯⋯⋯⋯⋯⋯⋯⋯⋯⋯⋯⋯⋯⋯⋯ 051

延伸閱讀 ⋯⋯⋯⋯⋯⋯⋯⋯⋯⋯⋯⋯⋯⋯⋯⋯⋯ 051

第4章　融合方法的基本設計和進階設計 ················· 053

本章主題 ··· 053
第1節　初步的考量事項 ·· 055
第2節　基本設計 ··· 055
第3節　進階設計 ··· 065
第4節　如何選擇設計 ·· 074
本章建議 ··· 075
延伸閱讀 ··· 076

第5章　融合方法研究程序圖的繪製 ·················· 079

本章主題 ··· 079
第1節　融合方法研究程序圖的定義 ····································· 081
第2節　融合方法研究程序圖的使用 ····································· 081
第3節　繪圖的工具 ·· 082
第4節　程序圖的圖說記號 ·· 082
第5節　融合方法研究程序圖的基本要素與
　　　　注意事項 ·· 084
第6節　繪圖的基本步驟 ·· 087
第7節　繪圖的視覺模式 ·· 087
第8節　在繪圖當中加入程序和產物 ····································· 093
第9節　繪製進階設計的研究程序圖 ····································· 094
本章建議 ··· 096
延伸閱讀 ··· 096

第 6 章　如何撰寫融合方法研究的介紹 ⋯⋯⋯⋯⋯ 097

　本章主題 ⋯⋯⋯⋯⋯⋯⋯⋯⋯⋯⋯⋯⋯⋯⋯⋯⋯⋯ 097
　第 1 節　良好介紹對於研究的重要性 ⋯⋯⋯⋯⋯⋯ 099
　第 2 節　輔助撰寫融合方法研究介紹的腳本 ⋯⋯⋯ 099
　第 3 節　撰寫融合方法研究目的宣言 ⋯⋯⋯⋯⋯⋯ 103
　第 4 節　撰寫融合方法的研究問題 ⋯⋯⋯⋯⋯⋯⋯ 107
　本章建議 ⋯⋯⋯⋯⋯⋯⋯⋯⋯⋯⋯⋯⋯⋯⋯⋯⋯⋯ 115
　延伸閱讀 ⋯⋯⋯⋯⋯⋯⋯⋯⋯⋯⋯⋯⋯⋯⋯⋯⋯⋯ 116

第 7 章　抽樣與整合的議題 ⋯⋯⋯⋯⋯⋯⋯⋯⋯⋯ 117

　本章主題 ⋯⋯⋯⋯⋯⋯⋯⋯⋯⋯⋯⋯⋯⋯⋯⋯⋯⋯ 117
　第 1 節　抽樣與整合的議題 ⋯⋯⋯⋯⋯⋯⋯⋯⋯⋯ 119
　第 2 節　抽樣 ⋯⋯⋯⋯⋯⋯⋯⋯⋯⋯⋯⋯⋯⋯⋯⋯ 120
　第 3 節　整合 ⋯⋯⋯⋯⋯⋯⋯⋯⋯⋯⋯⋯⋯⋯⋯⋯ 131
　本章建議 ⋯⋯⋯⋯⋯⋯⋯⋯⋯⋯⋯⋯⋯⋯⋯⋯⋯⋯ 138
　延伸閱讀 ⋯⋯⋯⋯⋯⋯⋯⋯⋯⋯⋯⋯⋯⋯⋯⋯⋯⋯ 138

第 8 章　融合方法研究的報告撰寫、發表與出版 ⋯⋯ 141

　本章主題 ⋯⋯⋯⋯⋯⋯⋯⋯⋯⋯⋯⋯⋯⋯⋯⋯⋯⋯ 141
　第 1 節　找出適合發表融合方法研究的期刊 ⋯⋯⋯ 143
　第 2 節　《融合方法研究期刊》使用的評鑑判準 ⋯ 144
　第 3 節　兩類的融合方法文章 ⋯⋯⋯⋯⋯⋯⋯⋯⋯ 145
　第 4 節　反映融合方法設計的實徵研究論文結構 ⋯ 149
　第 5 節　論文發表必備元素檢核表 ⋯⋯⋯⋯⋯⋯⋯ 155

本章建議 ……………………………………… 156

延伸閱讀 ……………………………………… 156

第 9 章　融合方法研究的品質評鑑 ……………… 159

本章主題 ……………………………………… 159

第 1 節　如何運用判準來評鑑融合方法研究的
　　　　品質？ ……………………………… 161

第 2 節　融合方法是否應該有標準？ ………… 162

第 3 節　我在《融合方法研究期刊》擔任編輯
　　　　使用的審查標準 ………………… 165

第 4 節　融合方法研究可參考使用的標準 …… 168

第 5 節　美國國家衛生研究院推薦的
　　　　「最佳實務」 …………………… 170

本章建議 ……………………………………… 174

延伸閱讀 ……………………………………… 175

第 10 章　融合方法研究的進展與推廣 …………… 177

本章主題 ……………………………………… 177

第 1 節　融合方法在科學方面的進展 ………… 179

第 2 節　數位年代的融合方法 ………………… 190

本章建議 ……………………………………… 190

延伸閱讀 ……………………………………… 191

參考書目 ……………………………………………… 195

專業術語 ……………………………………………… 199

索　引 ………………………………………………… 207

表目次

表 1.1　質性與量化研究優、缺點的對照比較 ·················· 007

表 3.1　融合方法團隊成員的學門組成 ···················· 040

表 3.2　在討論量化方法的嚴謹度檢核清單 ·············· 044

表 3.3　在討論質性方法的嚴謹度檢核清單 ·············· 049

表 5.1　融合方法程序圖的圖說記號 ···················· 083

表 5.2　融合方法研究圖的程序與產物資訊 ·············· 093

表 7.1　解釋型序列設計聯合展示的整合 ················ 137

表 8.1　融合方法研究投稿必備元素檢核表 ·············· 155

表 9.1　融合方法研究三種評鑑標準的對照比較 ········· 171

圖目次

圖 4.1　併列設計簡易圖解 ……………………………… 059

圖 4.2　解釋型序列設計簡易圖解 ……………………… 061

圖 4.3　探索型序列設計簡易圖解 ……………………… 065

圖 4.4　介入設計簡易圖 ………………………………… 069

圖 4.5　社會正義設計簡易圖 …………………………… 071

圖 4.6　多階段評鑑設計簡易圖 ………………………… 074

圖 5.1　融合方法研究基本設計的程序圖 ……………… 088

圖 5.2　融合方法研究進階設計的程序圖 ……………… 089

圖 5.3　併列設計的融合方法研究程序圖範例 ………… 091

圖 5.4　解釋型序列設計的融合方法研究範例 ………… 092

圖 5.5　繪製進階設計所立基的基本設計（介入設計
　　　　加上解釋型序列的基本設計）………………… 094

圖 5.6　融合方法的介入設計研究 ……………………… 095

圖 7.1　併列設計的抽樣 ………………………………… 126

圖 7.2　解釋型序列設計的抽樣 ………………………… 127

圖 7.3　探索型序列設計的抽樣 ………………………… 129

圖 7.4　介入設計的抽樣 ………………………………… 131

圖 7.5　融合方法研究的整合類型 ……………………… 134

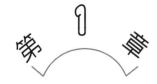

第 1 章

融合方法研究的基本特徵

❖本章主題

- 融合方法是已有二十五年歷史的一種
  方法論
- 融合方法研究的定義
- 什麼不算融合方法研究
- 融合方法研究的四項關鍵特徵

第 1 節　認識融合方法研究

要認識融合方法最好的開始方式，我相信，就是從認識融合方法的特徵來切入。融合方法是一種**方法論**（methodology），大約已有二十五年的歷史，這種方法有若干共通的元素，可以很容易辨識。不過，這並不是說，關於這種方法論的核心意義，所有人的見解都是一致的。如果從哲學的角度來看融合方法，那知識論和其他哲學預設可能就占有中央舞臺。如果把融合方法視為一種方法論，那就是包括從廣義哲學起源一直延伸到詮釋和傳播的研究過程。再者，也可能把融合方法放在轉化型的觀點來看待，譬如：女性主義或失能理論（disability theory）。由於存在如此之多的可能性，因此很重要的就是必須正視，融合方法的定義也可能因為個別立論者的觀點而有所差別。

我的立場是，把融合方法看作一種**方法**（method）。我會賦予它一種獨特的方法取向，在其中，資料蒐集、分析和詮釋占有核心地位。不過，這並不是要貶抑哲學、方法論或研究問題的重要性，而單純只是把重心放在方法，因為透過方法的介紹、講解，可以指出明確而具體的途徑，帶領我們進入融合方法的領域。

第 2 節　什麼是融合方法

從上述觀點來看，我認為，**融合方法研究**（mixed methods research）就是：

一種研究取徑，使用於社會、行為和衛生科學等領域，研究者蒐集量化（封閉式）資料、質性（開放式）資料，將這兩者予以整合，根據這兩方面資料的結合力量進行詮釋，以資瞭解研究問題。

這種取徑的一個核心預設就是，當研究者結合統計趨勢（**量化資料**，quantitative data），連同故事和個人經驗（**質性資料**，qualitative data），這種集合的力量可以對於研究問題取得較好的理解，而這乃是單一方面的資料比較難以達成的。

第 3 節　什麼不是融合方法

根據上述定義，我們可以排除以下情況不屬於融合方法：

1. 融合方法不單純只是蒐集量化與質性兩方面的資料。雖然這種形式的研究也有其價值，但是並沒有涉及兩種資料來源的整合，也沒有凸顯如此的結合可能帶給研究的集合力量。

2. 融合方法不單純只是使用來稱呼你的研究的一種標籤。融合方法本質上必須具備若干特定的科學技術，熟悉融合方法的審查人員會檢視是否確實有適切運用該等技術。

3. 融合方法不應該和量化研究的融合模式（mixed

model approach to quantitative research）混為一談，在後面這種模式當中，研究者是針對一種資料集進行統計分析，來檢驗其固定效應和隨機效應。

4. 融合方法並不單純只是一種評鑑技術，譬如：形成式的評鑑（formative evaluation）加上總結式的評鑑（summative evaluation），雖然研究者在執行如此形式的評鑑當中，是有可能蒐集和整合量化與質性兩方面的資料。

5. 融合方法並不是僅限於在量化研究設計加入質性資料。融合方法當然可以採取這樣的方式，但是也可以採取另一種方式，就是在質性研究設計加入量化資料。不論採取何種方式，我們都需要提出支持採用該等方式的合理根據（rationale）。

6. 融合方法並非僅是蒐集多種形式的質性資料（譬如：訪談和觀察的資料），也非僅是蒐集多種形式的量化資料（譬如：調查和實驗的數據）。融合方法必須蒐集、分析和整合，包括量化和質性兩方面的資料集。透過這樣的融合方式，不同的研究取徑（譬如：趨勢和故事、個人經驗）集結可以有更多的貢獻，對研究問題有更好的理解，那是單一的資料蒐集取徑（量化或質性）無法獨自勝任的。當一個研究當中蒐集多種形式的質性資料（或多種形式的量化資料），那專有名詞是稱為**多元方法研究**（multimethod research），而不是融合方法研究。

第 4 節　融合方法的核心特徵

- 蒐集和分析量化與質性兩方面的資料集，來回答研究問題；
- 使用嚴謹的質性和量化方法；
- 使用一種特定類型的融合方法設計，來結合或整合量化與質性資料，並且針對該等整合資料進行詮釋；
- 有時候，將研究設計建立在某種哲學或理論的架構之內。

接下來，讓我們來進一步詳細檢視，上述每一項特徵。

 蒐集量化與質性資料

首先，我假設，量化與質性資料是不同種類的資料，並且各自扮演不同但是同等重要的角色。在使用量化方法的研究中，研究者決定要研究什麼，提出具體而明確的問題或假說，測量變項協助發現答案，使用統計分析來取得資訊，以回答所提出的問題／假說，針對研究結果做出詮釋。相對地，質性方法的研究則大為不同，在研究的一開始，研究者提出一般性的問題，蒐集的資料是屬於文本、錄音或錄影等形式。質性研究的註冊商標就是，研究者蒐集資料的方式，是透過直接觀察參與者，或是透過訪談、焦點團體或是問卷等，來詢問他們開放式問題。資料蒐集之後，研究者執行主題分析，最後再採用故事或敘事等文字陳述，來呈現研究發現。總之，基本上，這兩種研究取徑都採行若干共通的研究過程：確認需要研究的問題或議題、決定研究問題、蒐集資

料、分析資料,以及詮釋結果。不過,質性這些階段的方
式,在量化與質性方法之間則有顯著的差異。

在融合方法的研究中,量化與質性研究的元素都必須包
含在內。因此,很重要的是,我們必須瞭解,融合方法研究
者需要具備量化與質性兩方面的研究技巧。再者,要使融合
方法設計發揮最大的效用,研究者必須瞭解量化與質性研究
的優點和缺點。請參閱表 1.1,你可以迅速看見量化與質性
研究優缺點的對照比較。

表1.1　質性與量化研究優、缺點的對照比較

質性研究	
優點	缺點
提供關於少數人的詳細觀點; 捕捉參與者的個人聲音; 容許在脈絡當中來理解參與者的經驗; 立基於參與者的觀點,而不是研究者的觀點; 訴求於人們對於故事的喜好。	有限的可概化性; 僅限於提供軟性資料(非硬性資料,譬如:數字); 研究少數人; 高度主觀性; 主要依賴參與者,因此研究者專業知能使用極少。
量化研究	
優點	缺點
針對大量人群作出結論; 分析資料有效率; 調查資料內蘊含的關係; 檢視可能的因果關係; 控制偏誤; 訴諸人們對於數字的偏好。	沒有人味; 沒有記錄參與者的說詞; 對於參與者脈絡的理解比較侷限; 大部分由研究者驅動。

使用嚴謹的方法

　　雖然量化與質性研究合流進入融合方法研究之中，這並不代表各別取徑的規模就會因此而縮減。多年來，若干研究學者已經發展了不少研究品質的判準，可供判斷量化與質性研究的嚴謹度。不論是醫療領域的「試驗報告聯合標準」（consolidated standards of reporting trials，簡稱 CONSORT），或研究設計專書，譬如：《研究設計：質性、量化與融合方法取徑》（*Research Design: Qualitative, Quantitative, and Mixed Methods Approaches*）（Creswell, 2014）提出的非正式準則，我們都應該予以重視。有關量化與質性研究方法的嚴謹度，可能取決於下列關鍵元素，包括：

- 研究設計的類型（例如：實驗、俗民誌）；
- 取得進階研究地點的許可；
- 抽樣取徑（系統化抽樣 vs. 立意抽樣）；
- 參與者的人數；
- 蒐集資料的類型（例如：文字、影音記錄、測量分數、問卷答案）；
- 蒐集資料所用的工具（例如：調查、觀察檢核清單、開放式訪談、焦點團體博多稿）；
- 資料分析的最初步驟：資料的組織和清理；
- 資料分析的後段程序：從基本取徑到比較精深的取徑（例如：從描述到推論、編碼來發展主題）；
- 建立資料信度與效度的取徑（例如：內在效度 vs. 效

度檢驗策略）。

 **整合資料**

　　在融合方法研究的領域中，最讓人感到困惑的可能就是，不知道該如何整合不同取徑的資料集。你該如何調和文字資料與數字資料？很多時候，由於研究者通常只處理其中某些類型的資料（量化或質性的單一類型資料），所以根本就不熟悉另一種類型資料的處理程序。

　　要瞭解從哪裡與如何來整合資料，首先需要認識**融合方法設計**的類型（mixed methods designs，在這裡，我們只會提供簡要的介紹，稍後在**第 4 章**，會給予較完整而深入的說明）。在融合方法研究中，主要有三種基本的設計，另外還有三種進階的設計，用來附加在前述三種基本設計之上。

　　三種基本類型的融合方法設計：

・併列設計（convergent designs）

　　研究的宗旨是要蒐集量化和質性資料，分析兩組資料集，然後合併兩組資料的分析結果，以達成對照比較結果的研究目的（有些人指出，藉由一組資料來證實另一組資料）。

・解釋型序列設計（explanatory sequential designs）

　　研究的宗旨是先使用量化方法，然後使用質性方法，以比較深入的詳盡細節，來幫助解釋量化結果。這是一種簡單而直截了當的設計。

・探索型序列設計（exploratory sequential designs）

研究的宗旨是先使用質性方法來探索問題，因為該等問題可能所知不多，或是對於研究母群的瞭解可能相當有限，或是研究地點可能難以進入接觸。初步探索之後，研究者使用第一階段質性方法的初探結果，來建立第二階段的量化方法研究。此階段可能涉及，設計研究工具來測量所要研究的變項，發展實驗介入的活動，或是設計一套研究概念類型（typology），然後使用既存工具來測量。在第三階段，使用量化工具、介入或變項，來執行量化資料的蒐集與分析程序。

基本上，在融合方法研究中，或隱或顯都可發現前述三種基本設計的其中一種。在某些研究中，除了基本設計之外，還會增添額外的設計元素。如此取得的結果就是我所謂的進階設計（advanced designs）。目前，在融合方法研究文獻當中，常見的有以下三種進階設計：

・介入設計（intervention designs）

研究者在較大的實驗架構內，運用併列設計、解釋型序列設計、探索型序列設計。簡言之，研究者在實驗的某階段蒐集質性資料，譬如：在實驗之前、期間，或之後，將質性資料嵌入（embed）實驗當中。

・社會正義設計（social justice designs）

也稱為轉化型設計（transformative designs）。在某種基本設計（亦即併列設計、解釋型序列設計、探索型序列設計）當中，納入某種社會正義架構。該等架構可能在不同時

間點進入融合方法研究設計，但是都會成為研究的持續焦點，旨在改善今日社會某些個人的生活（例如：女性主義架構的社會正義設計）。這種設計類型的整合涉及將社會正義概念貫穿（thread）整個研究。

・多階段評鑑設計（multistage evaluation designs）

包含有許多階段的縱貫型研究，核心目標是要使用多次的融合方法研究來進行評鑑方案的設計、試行、執行等階段性任務。這種研究設計的許多階段可能涉及方案評鑑：需求評估、概念架構、測試方案、追蹤方案等。在這種情況下，資料的整合就在於將前面階段的資料擴充（expand）應用到其他後續階段當中。

整合可能採取若干形式：合併、解釋、建立、嵌入等，端視所採用的研究設計類型。普遍而言，設計的類型多半是在研究進行中逐漸浮現形成，而不是預先規劃擬定好的。此外，基本設計和進階設計也容許有變通的空間，並且常常如此運用。儘管如此，對於融合方法研究的學習者，很重要的是，應該瞭解這六大類的設計（三種基本類型，和三種進階類型），因為這些都是文獻當中可以發現廣受採用的融合方法設計類型。

四 使用架構

在前面介紹的進階設計當中，讀者或許可以體會到，概念和理論架構對於融合方法研究的重要性。在許多融合方法研究中，我們可以發現，使用社會科學或行為科學的架

構。比方說，研究者可能使用領導理論作為架構，來發展解釋型序列設計，從而呈現量化和質性的結果。再比方說，在衛生科學領域，也可能採用行為改變模式，來作為融合方法研究的理論架構。至於在社會正義設計中，如前所述，則是採用轉化型或倡權的架構來發展研究案，藉以推進對於邊緣化群體需求的重視〔例如：以融合方法來執行種族形貌描述（racial profiling）的研究〕。諸如此類的理論架構，就分別屬於社會理論模式、行為理論模式，或轉化型理論模式。

另外，哲學觀點也可能被採用來作為融合方法研究的架構。哲學的架構乃是關於研究的信念和假設，譬如：研究者如何發現知識。我們每個人對於所要研究的事物，都帶著自我關於世界本質的理解；對於需要蒐集哪些資訊來解答所要探討的研究問題，我們也都持有若干假設（例如：主觀知識 vs. 客觀知識）。對於此等哲學假設是否應該設法揭顯，或可保持隱而不談，根據研究領域的不同、傾向的立場與重視的程度也各有不同。不論你的領域傾向何種立場，很重要的是，我們必須正視，個人的價值和信念會型塑我們的研究取向、蒐集資料的作法，我們帶入研究當中的偏誤，也會影響我們看待研究的態度是傾向事先規劃擬定，抑或是可以容許研究浮現成形。

❖ 本章建議

我會建議，讀者在規劃或執行融合方法研究時，應該要確保發揮下列的能力：

- 要能夠定義融合方法研究；
- 要能夠確認，所提的研究計畫是否符合前述融合方法研究的定義；
- 要能夠透過以下提問，來評估所提的研究計畫想法是否含括融合方法研究的四項關鍵特徵：

1. 我是否有蒐集和分析量化與質性資料，來回答研究問題？
2. 我是否有使用嚴謹的質性和量化方法？
3. 我是否有結合或整合量化與質性資料，詮釋該等整合資料，並且使用融合方法設計？
4. 我是否有使用某種哲學與／或理論，來作為研究的架構？

❖ 延伸閱讀

1. Creswell, J. W., & Plano Clark, V. L. (2011). *Designing and conducting mixed methods research* (2nd ed.). Thousand Oaks, CA: SAGE.
2. Johnson, R. B., Onwuegbuzie, A. J., & Turner, L. A. (2007). Toward a definition of mixed methods research. *Journal of Mixed Methods Research*, *1*(2), 112-133.

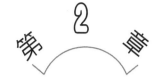

第 2 章

融合方法研究的設計步驟

❖本章主題

- 「研究方法指導教授晤談時間」，學習融合方法設計
- 設計融合方法研究的步驟

第 1 節　規劃研究的必要性

　　任何人如果想要做融合方法研究，多半就是去找相關主題的書籍、請教有該等方法研究經驗的教授或研究人員，或是去參加工作坊或研習會。不過，有些時候，這些資源可能都付之闕如，尤其是有些人可能根本從未接觸過融合方法，或是居住在偏遠而資源缺乏的國度。這一章，介紹的是我在指導研究生從事融合方法研究時傾囊相授的作法。我希望，透過這種「研究方法指導教授晤談時間」的介紹方式，能讓你感覺就像是走進我的辦公室，當面和我討論，一步一步，設計出你的融合方法研究計畫案。當然，這些主題內容不可能一蹴可幾，多半需要若干次的見面切磋琢磨，才有可能充分進入狀況。

　　首先，我會問你，諸如下列的問題：

- 是否有融合方法研究的讀者群（例如：研究生諮詢委員會、期刊、書籍或研究獎助機構）？
- 是否有進階與使用量化和質性資料的權限？
- 是否擁有質性和量化研究的技巧（請參閱第 3 章）？
- 是否擁有開放的心態，能夠使用多元觀點來檢視研究問題？

　　接下來，我會提議若干討論主題，這些主題的討論順序不一定會依照研究執行的時間先後次序，而是容許你可以比較容易展開研究的方式，比方說，可能先討論你希望達成什麼樣的目的。選擇這種討論的次序，是經過思考和試驗之後

的結果，希望能夠幫助你可以先從具體、簡單的方面，穩紮
穩打的邁開步伐。有了基礎之後，再開始來解決研究設計之
類難度比較高的部分。不過，等到進入研究的規劃階段，我
們就會重新調整步驟，屆時就會依循典型研究規劃步驟的邏
輯次序。儘管在我們的討論當中，並不是融合方法研究的所
有步驟都會納入，不過主要的步驟都會包含在內。因此，如
果你切實思索這些討論步驟，應該可以確保你的研究能夠從
中奠定穩固的基礎。

第 2 節　規劃過程的步驟

關於融合方法的研究規劃，我會和你討論以下的步驟：

1. 草擬研究的工作標題；
2. 確認具有研究必要性的問題或議題；
3. 標示出你的研究宗旨，或是想要解答的一般性問題；
4. 明確標示出你所要蒐集和分析的資料類型；
5. 確認你的研究計畫，決定要採用融合方法的理由；
6. 考量納入某種世界觀的討論或某種理論的討論；
7. 定義融合方法；
8. 選擇融合方法設計；
9. 繪製你的研究設計圖；
10. 考量研究的方法論和效度議題；
11. 撰寫融合方法的研究目標或目的宣言；
12. 加入符合你研究設計的研究問題（量化、質性與融
　　合方法的問題）。

第 3 節　工作標題

　　從標題開始著手，可能會讓人覺得有些奇怪。不過，依我來看，在研究當中，標題確實占有相當重要的地位，可以算是整個研究的焦點，如此說法真的一點也不為過。就此而言，能夠定下研究標題，當然是展開研究設計的一個必要的步驟。不過，隨著研究變得越來越清楚定義與聚焦，工作的標題也會跟著有所改變或轉化。

　　良好的融合方法研究標題，必須包含若干關鍵元素如下：

- 研究要探討的**主題**（例如：安寧照護或霸凌）；
- **研究參與者**（亦即蒐集資料的對象，譬如：年長的病人或是銀髮族公民），以及必要的話，參與者居住或活動的地點（例如：大學或老人中心）；
- 要使用「**融合方法**」（mixed methods）的字眼，來指出研究採用的方法論；
- 要保持用語**中立**（至少在研究一開始的地方），不會讓研究偏向量化或質性。具體而言，避免使用傳達質性取向的字眼，譬如：探索、意義或發現。再者，也要避開可能傳達量化取向的用語，譬如：關係、相關，或解釋。目標是要寫出「中立」用語的標題，因為融合方法是落在量化與質性研究的中間。

　　此外，標題務求簡短（比方說，不要超過 10 個英文字），或許可以考慮使用正、副標題，中間以冒號隔開。在

標題當中，或許可以提到量化研究和質性研究這樣的字眼。
以下為兩個良好標題的例子：

例子 1

Unwritten rules of talking to doctors about depression:
Integrating quantitative and qualitative methods
（Wittink, Barg, & Gallo, 2006）
和醫生談論憂慮症的不成文規則：整合量化與質性
方法的研究

例子 2

Students' persistence in a distributed doctoral program
in educational leadership in higher education: A mixed
methods study（Ivankova & Stick, 2007）
高等教育領導遠距博士班研究生貫徹完成學業的預
測因素：融合方法研究

第 4 節　研究問題

接下來，很重要的是，寫下一段簡短的文字，用來陳述
具有研究必要性的問題或議題。這段文字要寫好並不容易，
然而卻是良好研究不可或缺的重要元素。倘若讀者在瀏覽期
刊、論文時，找不到強有力的理由來支持她或他繼續讀下
去；也就是說，研究的問題沒能及時引發興趣，很快就會被
束之高閣了。因此，你必須學習小說家的作法，設法在文章

開頭幾段文字就緊緊抓住讀者的目光。

　　這段文字之所以不好寫，其中一個理由就是，關係到沒能適切理解研究的本質。基本上，研究的用意是要提出探討問題，這道理說來似乎顯而易見，但是我當真沒把握，所有的研究者都有適切體認這個行動的重要性。再者，有時候，描述問題也可能有相當難度，因為要寫已經做過的事物，通常會比較容易些，但是如果是要寫有哪些事物可能需要去做，那有時候真的會讓人不知從何下筆。

　　實際上，我就發現，有不少研究的問題宣言寫的是「已經存在的」，而比較不是「有待處理的」。所以，在要求你寫下融合方法研究的這段文字時，我會請你思考釐清，你的研究到底是關於哪些值得提出探討的問題或議題。另外，當研究者只寫「文獻有所不足」，或是文獻呈現的結果紛歧不一，因此有需要加以研究，我還是會進一步要求思考、清楚寫出，所想要研究的問題或議題本身是否真的有提出探討的必要性。

　　這些都是支持進行研究的好理由，但是我也會想看到，我稱為「實務型」的問題，也就是現實世界有待解決的實務領域問題。比方說，決策者、衛生照護者、教育人員需要什麼？所以，在陳述研究的問題或議題時，不妨可以結合現實世界的問題與文獻的缺乏不足。

第 5 節　研究宗旨或需要解答的問題

　　在寫下標題和確認問題之後，接下來就是要提出研究宗

旨或目的。這可能以單一句子來呈現。稍後，在撰寫研究目的宣言或研究目標的地方，可以再將這個句子拿出來使用。有助於撰寫研究宗旨的一個作法就是，設想你希望，在研究完成的時候，達成什麼樣的目標。換言之，足以含括整個研究案的最主要目標是什麼？

如果你在虛擬的辦公室晤談期間，寫出這個關於研究宗旨的句子，我會很好奇想看看，你的措辭遣字。這當中應該可以窺見，什麼樣的設計可能最適合你，同時也最能夠顯示出，你的研究技巧所在水平。我會從中找尋，可能顯示出你研究取向的量化或質性字眼，以及最能讓你感到有興趣的融合方法設計類型。

第 6 節　所要蒐集和分析的資料類型

接下來，很重要的是要確認，你計畫的研究要蒐集與分析哪些類型的量化與質性資料。你可以畫兩個欄位的表格，每一欄分別寫出你研究要蒐集與分析的資料類型。一般而言，在資料蒐集方面，我會指導研究生確認下列事項（分別針對量化與質性資料）：

・參與者；
・研究地點；
・參與者的人數；
・所要蒐集資訊的類型（例如：量化的測量和變項、質性的核心現象）；

・資料的類型（例如：工具、紀錄、訪談）。

在資料分析方面，我也會請他們列出特定型式的資料分析相關事項：

・組織資料的程序（例如：輸入建立 SPSS 檔案、謄寫錄音逐字稿）；
・基本的資料分析程序（例如：質性資料的編碼、量化資料的描述分析）；
・進階的資料分析程序（例如：比較若干組的量化資料，或是推論分析變項之間的量化關係、發展質性資料的主題或紀事時序表）；
・可能使用的資料分析軟體程式（例如：SPSS、MAXQDA）。

第 7 節　支持採用融合方法的理由

這裡，將要開始思考，如何撰寫支持採用融合方法的理由。我相信，在目前，我們仍有需要強化支持採用融合方法的理由（rationale for mixed methods）。這情況就好像質性研究計畫申請聯邦研究獎助，也需要提出支持的理由一樣。或許，未來有朝一日，當這種方法論變得廣為人知，而且獲得普遍接受，屆時就不再需要提出如此的理由論述來爭取認可。不過，在那一天尚未到達之前，我們仍然有必要設法說服讀者，融合方法乃是適合我們研究採用的方法論。要達到

如此的目的，我們應該如何做呢？

我認為，這問題可以分成兩方面來看待。

首先，找出支持採用融合方法的一般理由。當單獨使用量化研究或質性研究不足以適切瞭解所要研究的問題時，那就適合採用融合方法。單獨一種方法之所以不充足，原因可能在於這每一種方法內在的缺陷。以量化研究來說，無法充適探究個人故事與意義，或是深入探求個人的觀點。相對地，質性研究無法讓我們從一小群的研究對象概化推論到較大母群，無法精確測量人們普遍的感覺。簡言之，所有研究方法都各自有其優點和缺點，結合兩者的優點，提供了良好的理由支持採用融合方法（量化研究提供機會，讓我們得以進行概化，以及取得精確測量結果；質性研究提供個人觀點的深度經驗）。綜觀衡量之下，我們或許會考量結合兩者，以取得截長補短、相輔相成之效。事實上，這也是早期融合方法論的論述，用來支持採用這種方法的核心要素（請參閱 Rossman & Wilson, 1985）。

其次，找出支持採用融合方法的特定理由。具體而言，在比較特定的層次，結合量化與質性研究可以讓我們達成下列的成效：

- 取得兩種不同的觀點，一種是取自封閉式答案資料（量化），另一種是取自開放式個人資料（質性）；
- 相較於單一量化或質性方法只能取得有限的觀點與資料，融合方法可以取得比較周延的觀點，以及比較多的資料；
- 除了研究測量工具取得的量化資訊之外，還能增添有

關研究場域、地方、個人經驗脈絡細節的質性資訊；

- 針對少數個人，執行初步的探索（質性研究），來確保研究工具、測量和介入（量化研究）確實適用於研究參與者和研究地點；

- 將質性資料加入實驗的試驗（量化研究），比方說，確認要招募哪些參與者，以及使用哪種實驗介入，評估參與者在實驗介入期間的個人經驗，以及執行追蹤質性研究來進一步解釋實驗的量化結果。

如果你正在規劃融合方法研究，我建議你，藉由檢視前述的幾點事項，用以確認支持你使用融合方法的一般理由和特殊理由，並且決定其中是否有任何一種特定的理由符合你的研究。基本上，這些特定的支持理由，分別連結到特定類型的融合方法設計（有關融合方法設計的類型，請參閱第 4 章）。

第 8 節　具體詳述世界觀或理論

我們每個人在研究當中，或隱或顯，都會帶著一種世界觀（或典範）。世界觀是一組信念或價值，會型塑我們執行研究的方式（Guba, 1990）。隨著討論世界觀的主題，我們就進入了關於研究作法的哲學領域。世界觀的信念或價值會關係到，我們可能使用哪些類型的證據來宣稱知識（epistemology，知識論），或是我們感覺事物是一元實在或多元實在（ontology，本體論）。比方說，有些人可能認

為，理論可以用來發現實在，幫助解釋大量人們的行為；另外有些人則可能認為，相較於普遍而一體適用的解釋，透過不同個人的觀點，比較能夠提供關於實在的較佳認識。至於研究的執行方式，有些人可能傾向採取漸進浮現而演化的研究設計，逐步調整後續的研究步驟；另外有些人則傾向採取固定不變的設計，不敢去改變假說，也比較不會在研究初期擬好測量方式之外，再去蒐集額外的資料。諸如此類的理念關涉的，就是我們對於研究方法論的預設。

我們所抱持的這些信念究竟是從哪裡來的呢？我認為，人們在成為研究者的過程當中，涉及了社會化的歷程，從而形成我們所抱持的特定信念。基本上，在特定的領域或學門之內，關於研究的問題、研究的方法，以及研究成果推廣傳播的方式等，都會有相當程度的規範或共識。因此，這些關於研究的信念與價值，即是我們在學生、教授、研究者等時期研究社群內的社會化產物。這也就是，數十年前，托馬斯・庫恩（Thomas Kuhn）在《科學革命的結構》（*The Structure of Scientific Revolutions*）（Kuhn, 1962）一書，首先提出的典範當中各種信念的理論基礎。

從融合方法論發展的早年開始，論述者就已經關切此種研究方法的哲學基礎信條。人們經常會把研究的方法與特定的哲學予以連結，比方說，當人們執行焦點團體訪談，來蒐集質性的資料，這樣的方法通常就被連結到多元實在、意義、觀點的建構論世界觀。再比方說，當研究者採用測量工具來蒐集資料，反映的就是與後實證主義有所關聯的化約論觀點（Creswell, 2013）。這裡，就產生了一個問題：兩種不同的世界觀如何可能像融合方法論所蘊涵的那樣，共存於

同一個研究當中？

　　對於這個問題，融合方法研究者給的答案就是去找出，一種可能同時支持量化與質性資料蒐集架構的哲學基礎。比方說，有些融合方法的論述者就秉持**實用主義**（pragmatism，亦即這樣的融合作法在研究實務上有用），另外有些論述者則主張批判實在論，還有些則是抱持辯證多元主義。個中抉擇可能取決於個別研究者對於這些哲學派別的熟悉程度，以及那些哲學派別似乎比較能夠與特定的融合方法研究案相互融通。

　　還有一個與世界觀相關聯的議題就是，在設計融合方法時，是否要揭露或隱而不談個人所抱持的世界觀。在衛生科學領域中，比較少見有揭露陳述研究的哲學基礎信念；在社會科學與行為科學領域，則普遍會看到有關這方面的陳述。如果在融合方法計畫有插入這方面的論述，那研究者就需要負責解釋，提供充足的參考文獻，以便讀者能夠追溯查詢相關的論述。再者，研究者也必須清楚說明，該等哲學信念如何提供適合支持該特定融合方法研究案的架構基礎。

　　不同於前述的哲學基礎假設有可能保持隱而不述，理論的使用則普遍明顯陳述於融合方法研究。研究者需要規劃決定，要使用什麼理論，以及如何將所選用的理論透過具體而明確的方式，融入到融合方法研究當中。在量化研究方面，理論是屬於解釋性質的，用來說明研究者所期待發現的事項。理論可用來解釋、預測或概化，並且提供用來形成或架構研究問題與假說的資訊。在質性研究方面，理論也可能是解釋性質的。再者，也可能作為透鏡，用來提供研究各階段的參照架構資訊。

　　在社會科學、行為科學、衛生科學領域的研究，可能擷取自社會科學的理論，譬如：擴散理論、領導統御理論，或行為改變理論。研究者可以從仔細研讀文獻或研究論文、研究報告，找出諸如此類的理論。在量化研究，理論通常幫助研究者決定要問什麼問題。在質性研究，理論可能在研究初期就提出（例如：以涵化理論為出發點的俗民誌研究），或是經過資料蒐集之後而逐漸浮現（例如：扎根理論的研究）。對於融合方法研究，將這些理論外顯化，有相當的助益，包括描述該等理論的細節、理論的論述者，以及指出理論如何在融合方法研究的特定階段（例如：量化資料的蒐集階段），提供參照的資訊或架構。

　　另外一種理論就是致力於轉化、參與或倡權理論。比方說，在融合方法研究，我們發現，理論透鏡可能擷取自女性主義、社會經濟理論、失能理論、種族理論。在融合方法研究的特定階段，諸如此類的理論取向可能會變成重要的透鏡，提供研究參照的資訊或架構。在衛生科學領域的研究，有一種相當廣為採用的理論（或觀點），那就是社區本位參與研究（community-based participatory research，簡稱 CBPR），社區成員主動的參與者，在研究過程的許多階段，資料蒐集和分析，以及研究成果的推廣傳播。目前，幾乎很難發現融合方法的研究，而沒有納入社會科學或參與型理論的觀點。

第 9 節　定義融合方法

　　現在，你的融合方法研究設計已經開始逐漸邁入某些特定的領域（例如：隨機控制試驗、準實驗、俗民誌等）。在目前，由於融合方法是屬於特別選擇的方法論，因此有必要提供融合方法的定義。

　　此定義需要陳述融合方法的核心特徵（請參閱**第 1 章**）：

・是用來執行社會、行為、衛生科學等領域研究的一種方法論；
・涉及蒐集和分析量化與質性資料，來回答研究問題；
・整合來源的資料，透過合併，或前後連結（例如：先執行量化方法，然後接著再執行質性方法），或是將某種方法嵌入另一種方法當中（例如：設法將質性資料匯入量化的實驗試驗）；
・將這些程序融入研究設計或計畫當中，並且很多時候有哲學預設或理論作為研究的架構。

第 10 節　圖解、研究程序與設計的選擇

　　你的設計會隨著研究進展而有所變化，如果能夠將研究設計繪製成圖，將會有助於你和其他人分享（例如：委員會的成員、研討會的聽眾、研究計畫案的審查人士）。

　　在這個階段，很重要的是應該先考量適合採用的基本

設計（請回顧，融合方法的基本設計包括三種：併列設計、解釋型序列設計、探索型序列設計；詳細討論請參閱**第 4章**）。在這方面，你可以參考一本相當有幫助的《融合方法研究的設計與執行》（*Designing and Conducting Mixed Methods Research*）（Creswell & Plano Clark, 2011），你可以在書中找到適用於每一種設計類型的繪圖範例說明。

在虛擬的晤談期間，我會請你，繪製基本設計的圖解；再請你說明，為什麼決定採用該等設計。我會先簡單介紹，討論融合方法研究設計時可能使用的基本組成元素。在這個時間點，你或許可以簡單陳述如後：

例子 1：對於解釋型序列設計
先執行量化方法部分，進而導向質性方法部分，目的是要解釋量化結果。

接下來，你需要將你的基本設計繪成簡單而不複雜的圖解。稍後，你可以在這份簡圖當中增添額外的要素，譬如：你希望在每一步驟實現特定的「程序」或「產物」。一旦你完成這份簡單的基本設計圖，我也會請你列出執行該等研究設計的步驟（請參閱**第 5 章**）。基本設計圖解，考慮是否要加入某些主要的元素，譬如：實驗（或介入試驗）、理論架構、或評鑑觀點。這些增添的元素都需要逐步畫進你的圖解當中，最後，我還會講解，如何在你的設計圖解當中，加入其他的關鍵元素，譬如：時間軸、標題、符號，或是稍後在**第 5 章**，將會討論的其他繪圖元素。

第 11 節　潛在的方法論挑戰和效度威脅

就如同執行質性或量化研究者，需要提出探討可能威脅研究效度的議題。融合方法研究者也需要考量，融合方法研究可能涉及的獨特效度威脅。在這個時間點，你應該根據所選擇採用的融合方法設計，來思索可能遭遇的威脅（Creswell，付梓中）（關於融合方法的研究設計，請參閱第 4 章）。

如果使用併列設計，你就應該考量，質性研究部分的核心現象與量化研究部分的變項或構念，兩方面是否有相互平行對應。此外，在併列設計，當你決定使用相等或不相等的樣本大小來執行量化與質性資料蒐集，採用的分析單位（亦即個人或團體）是否相互平行呼應。如何將分析結果融合為一，以及如何解釋研究發現的紛歧結果，諸如此類的併列設計相關因素，都可能影響到融合研究是否可能發生其他的威脅。

如果你使用解釋型序列設計，也可能發生若干潛在的威脅。我會鼓勵你去思索下列的抉擇：哪些量化結果需要追蹤研究？如何抽選追蹤研究的參與者？如何發展相關的訪談問題？如何確保質性資料確實解釋量化結果？

最後，如果你採用探索型序列設計，我會聚焦在質性階段到量化階段的建立過程可能發生的議題。比方說，當發展研究工具時，你需要把質性探索的探索發現翻譯成測量工具或量表的題目，使用良好的心理測量程序，譬如：信度和效度的檢測程序。清楚說明這些潛在的威脅，乃是你在規劃融合方法研究時的重要任務。

第 12 節　融合方法研究的目標或目的

接下來，你需要發展研究目標，這也就是以一個段落來陳述你的研究目的。這個段落應該包含：你在研究過程所要達成的、你要使用的研究設計類型與其定義、你要使用來蒐集和分析量化與質性資料的方法，以及支持你採用融合方法的理由基礎。研究目的或目標的撰寫，必須能夠反映出使用的設計類型（請參閱第 6 章）。

第 13 節　量化、質性和融合方法研究問題

擬好研究目的之後，就可以著手構思研究問題。你將要寫出三種類型的研究問題：量化的問題或假說、質性的問題、融合方法的問題。這需要你思索如何撰寫每一類型研究問題的某些基本要素（請參閱第 6 章）。最特別的是，這個步驟需要學會如何撰寫融合方法的研究問題，並且在該等問題陳述當中反映出，使用融合方法設計所預期發現的結果。

第 14 節　將所有步驟重新加以組織

最後一個步驟，就是將上述這些組成元素加以重新組織，使其成為可以發現於典型良好研究計畫的邏輯順序。一般而言，這些元素依序如後：

1. 研究計畫初稿的標題；
2. 找出需要研究的問題；

3. 研究使用的世界觀與／或理論；

4. 研究目的或目標；

5. 研究問題；

6. 支持使用融合方法的理由基礎；

7. 融合方法研究的定義；

8. 要蒐集與分析的量化和質性資料的類型；

9. 要使用的融合方法設計，以及實施程序圖。

❖ 本章建議

　　在這一章，我帶領你按部就班走過規劃融合方法研究的諸多步驟，這也是我在面授研究者時所採用的指導方式。我相信，研究應該事先做好規劃，而不是寄望它會完全自然演化成形。我也相信，設計步驟應該是從比較具體、明確的元素開始，譬如：標題、研究問題、研究宗旨、資料蒐集，而不是一開始就去構思比較抽象的想法，譬如：哲學或理論。接著，我提供若干使用融合方法的理由，以及給出一個定義。然後，我請你聚焦在你將會採用的設計類型（有關設計類型，請參閱回顧第 1 章）、研究程序的圖解。最後，在這些資訊就定位之後，我請你寫出研究目標或目的，量化、質性和融合方法研究問題。然後，將這些步驟重新整理，組織成為常見於典型良好研究計畫的邏輯次序，而且你還可以在稍後階段，增添本章沒有描述的其他元素（例如：倫理的議題、研究的實務顯著性、潛在的缺點或限制等）。本章介紹的步驟大綱，可以提供一個良好的出發點，協助你設計出嚴謹而精緻的融合方法研究。

❖ 延伸閱讀

1. Creswell, J. W. (in press). Revisiting mixed methods and advancing scientific practices. In S. N. Hesse-Biber & R. B. Johnson (Eds.), *Oxford handbook of mixed and multiple research methods*. Oxford, UK: Oxford University Press.

2. Creswell, J. W., Fetters, M. D., Plano Clark, V. L., & Morales, A. (2009). Mixed methods intervention trials. In S. Andrew & E. J. Halcomb (Eds.), *Mixed methods research for nursing and the health sciences* (pp. 161-180). Oxford, UK: Wiley.

3. Creswell, J. W., & Zhang, W. (2009). The application of mixed methods designs to trauma research. *Journal of Traumatic Stress, 22,* 612-621. doi: 10.1002/jts.20479

4. Ivankova, N. V., & Stick, S. L. (2007). Students' persistence in a distributed doctoral program in educational leadership in higher education: A mixed methods study. *Research in Higher Education, 48,* 93-135. doi: 10.1007/s11162-006-9025-4

5. Kuhn, T. S. (1962). *The structure of scientific revolutions.* Chicago, IL: University of Chicago Press.

6. Wittink, M. N., Barg, F. K., & Gallo, J. J. (2006). Unwritten rules of talking to doctors about depression: Integrating qualitative and quantitative methods. *Annals of Family Medicine, 4,* 302-309. doi: 10.1370/afm.558

第 3 章

執行融合方法研究所需的技巧

❖本章主題

- 融合方法研究的嚴謹度
- 融合方法的團隊研究
- 融合方法研究所需的研究設計、量化技巧和質性技巧

第 1 節　執行融合方法研究的必備要件

融合方法研究的核心特徵，包括：執行嚴謹的量化與質性方法所必備的技巧與知識。要執行這些方法需要有技巧訓練，以及知道怎樣的研究才稱得上具有「嚴謹」度（rigor）。在本章，我們就要來談談，融合方法研究者所需要的這些技巧，以及在執行融合方法研究當中，特定的量化和質性嚴謹方法。本章提供了關於這兩類研究方法的簡要介紹，可供不熟悉其中任一類型研究方法的讀者，參考判斷個中所需的嚴謹度。

有時候，投入融合方法研究者可能會覺得，因為需要蒐集與分析量化和質性資料，因此必須削弱其中量化、質性一方面的研究元素，甚或是同時削弱這兩方面的研究元素。不過，好的融合方法研究其實必須兼具這兩類研究的嚴謹要素。這意味著，融合方法的個別研究者必須知道，量化與質性研究的技巧，或至少與其連結的方法。

再者，研究者也有可能屬於某個學術研究團隊，其中個別成員擁有多樣化的研究方法知識與技能。有一次，在融合方法研究工作坊，有位醫生問我：「我起碼需要知道什麼，才能夠做融合方法研究？」我的回答是，你需要知道量化與質性資料的蒐集、分析作法，否則就得加入包含這兩類研究能力成員的研究團隊。另外，還有一個經常提出的問題就是：「需要什麼樣的教育程度，才可能成為融入方法研究者？」質性與量化資料的蒐集和分析不只需要具備知識，還必須有執行這種型式研究的能力。就此而言，擁有博士學位者可能比較適合，因此可能就排除了碩士生或大學生。至

少，有一段時日，我確實一直抱持如此看法。但是，後來當我前往南非，擔任當地大學生研究專案競賽的評審，進入決賽的五件研究當中就有三件屬於融合方法。在那三件研究專案中，大學生蒐集、分析量化和質性的資料。不過，稍嫌不足的是，他們在整合量化和質性資料方面，表現似乎仍有相當的改善空間。要成為勝任融合方法的研究者，整合量化和質性資料的技能，乃是無可或缺的關鍵要件。

> 融合方法需要研究者具備包含量化與質性研究的技能。

每當有人問起，執行融合方法研究需要具備哪些技能，我通常會請他們參考，我在內布拉斯加大學林肯校區，研究生研究課講授的作法。首先，研究生若要選修融合方法的課程，必須先修過統計和量化設計（例如：實驗設計），還有一或兩門的質性研究法。基本上，我會告訴他們，要從事融合方法研究，需要同時具備量化與質性研究所需的技能。

第 2 節　融合方法團隊

只不過，大部分的人並沒有如此的餘裕，能夠同時建立量化與質性方法的研究能力。因此，他們如果要做融合方法研究，勢必得加入研究團隊。事實上，目前在學術界，跨領域研究的數量日益增多，因此也發現有越來越多的融合方法研究團隊。這類的研究團隊通常包含有各種不同方法論取向的成員，亦即擅長量化 vs. 質性技巧的個別研究者。團隊

成員當中擁有融合方法技能者，就可以發揮橋梁的角色，協助溝通量化與質性雙邊的對話、溝通彼此的不同看法。比方說，可能有醫學社會學家和生物統計學家並肩而坐，或是人類學家和測量學專家合組團隊。在全球研究的場域，研究團隊參與者的多樣性更加凸顯，研究成員還可能帶著個別的地方文化常模來到研究工作平臺上。

　　其次，還有團隊成員如何互動的問題。當學術研究團隊共同合作來探討某問題時，他們可能採取多元領域觀點（multidisciplinary perspective，亦即和自我所屬領域平行對應的觀點），或是跨領域觀點（interdisciplinary perspective，亦即跨越多種領域的觀點）（請參閱 O'Cathain, Murphy, & Nicholl, 2008a）。這當中方法論上的差異有或多或少的重疊，重疊的程度取決於個人在團隊研究時，跨越領域界線或是固守自我領域之內的相對傾向。O'Cathain 等人（2008a, p. 1579）提出了，融合方法研究團隊多種成員組合的可能模式，請參閱表 3.1。

　　目前，在有關融合方法的論述當中，我們發現，成功的融合方法團隊一般具有下列特色：

　　1. 擁有研究支持；
　　2. 擁有諸多不同專長的成員；
　　3. 多元領域或跨領域的互動；
　　4. 尊重各種不同取向的方法論；
　　5. 有優秀的領導者，可以發揮橋梁的功能，來橫跨、
　　　　溝通諸多研究專長與不同方法論主張之間的融合。

再者，根據 Brannen 與 Moss（2012），融合方法團隊的領導者應該能夠勝任下列的任務：

1. 用心關照團隊成員的組合；
2. 幫助型塑對話和價值；
3. 促使所有成員投入決策。

此外，領導者還必須建構團隊共享的願景，發展共同工作的歷史。再者，理想的團隊領導者最好必須擁有量化、質性與融合方法研究的經驗。

表3.1　融合方法團隊成員的學門組成

團隊A：研究主持人（醫學）帶領量化研究；社會學家帶領質性研究，並負責部分的量化研究；統計學家；專案研究人員。
團隊B：研究主持人（社會科學）帶領質性和量化研究；臨床師；心理學家；統計學家；兩名專案研究人員。
團隊C：研究主持人（臨床）帶領質性和量化研究；兩名專案研究人員。

資料來源：O'Cathain, Murphy, & Nicholl（2008, p. 1579）. Permission granted by SAGE Publications.

第 3 節　研究流程當中的個別技巧

投入融合方法研究的個人，對於研究設計的流程應該具有整體的理解。一般而言，不論是量化研究、質性研究或融合方法研究，研究流程大致都是類似的，簡要摘述如後：

- 確認研究問題或議題（identify a research problem or issue）
  要有能力確認，具有研究必要性的問題或議題；
- 文獻回顧（review literature）
  要懂得如何回顧，研究問題相關聯的文獻，以資建立研究該等問題的必要性，其中部分的文獻還可用來提供建立研究的架構理論取向；
- 標示研究目的（indicate research purpose）
  要知道如何標示，研究目的或目標，並且能夠將此等目的縮窄，聚焦為特定的研究問題或假說，作為研究提出探討解答的目標；
- 選擇研究設計（select a research design）
  要有能力選擇，適切的研究設計，亦即研究執行程序的計畫；
- 蒐集資料（collect data）
  要能夠熟練使用嚴謹的程序，來蒐集資料，用以回答研究問題；
- 分析資料（analyze data）
  要懂得如何分析，研究蒐集到的資料，用以評估研究問題是否獲得充適的探討、解答；

・詮釋研究發現（interpret the findings）
　要有能力藉助既存文獻與理論的啟示，用來詮釋研究的
　發現；
・推廣傳播研究成果（disseminate the study）
　要懂得如何將研究成果推廣、傳播給不同的讀者群；
・倫理議題（ethical issues）
　在研究過程的所有階段，尤其是資料蒐集到研究成果推
　廣傳播的階段，應該有能力隨時敏感覺察倫理議題。

　　基本上，我在本書就是採用上述研究流程，來引領讀者
進入融合方法研究的世界。不論量化與質性取徑，兩者的研
究過程結構大致相同，主要的差別在於實際研究過程當中每
一程序的開展方式。

第 4 節　量化研究的技巧

　　接下來，讓我們先檢視，量化研究流程的開展方式；然
後再檢視，質性研究相對應流程的開展方式。在量化研究程
序的進展過程中，研究者必須具備以下技巧：

・辨識可用來發展研究問題和假說的理論；
・使用變項和構念來架構研究問題和假說，並且安排自
　變項、共變項、中介變項、依變項，用來具體陳述個
　中的關係；
・選擇研究設計，來規劃研究執行的程序，可接受的研
　究設計包括：實驗（以及實驗的各種變化形式）、調

查、單一受試者設計，或相關研究（請參閱 Creswell,
2012）。在衛生科學領域的研究，也可能採取下列
的設計類型，包括：觀察或解釋型研究（例如：描述
或個案系列、世代研究、個案控制研究、回溯歷史世
代研究、橫跨面研究）；或是評鑑介入對於研究受
試者效果的實驗設計〔例如：後設分析、隨機控制
試驗、系統回顧評述、自身對照試驗（trial with self-
controls）、交叉試驗（cross-over trials）、非隨機試
驗〕。

‧使用封閉式量表測量工具（例如：量表、行為檢核清
單），或是檢視既存報告或記錄（例如：學生缺曠課
紀錄、病歷稽查表），用來蒐集數據資料。

‧統計分析，圖表報告結果，描述統計分析、推論統計
分析、效果量、信賴區間等。使用統計軟體來協助分
析。

‧以合理、標準化的格式，撰寫研究報告，基本章節組
織包括：【介紹】、【文獻回顧】、【方法】、【結
果】、【討論】。

‧確保你的報告達到高品質，包括：可概化性、偏誤、
效度、信度和可複製性。

　　當然，這只是量化研究實施流程涉及步驟的普遍樣貌，
進一步還有更具體而特定的實施準則，例如：針對實驗介
入試驗的研究設計，2010 年《內科醫學年鑑》（*Annals of
Internal Medicine*）（Schulz, Altman, & Moher, 2010）頒布
的 CONSORT 2010（試驗報告聯合標準 2010 年版）。除此

之外，我也針對量化研究案，發展出一份檢核清單，可用來
討論量化方法的嚴謹度（請回想，聚焦研究方法章節的討
論），請參閱表 3.2。

表3.2　在討論量化方法的嚴謹度檢核清單

通論
＿＿＿提供邏輯理由說明為什麼量化方法，特別適合用來探討所想研究的問題（例如：影響結果的因素、組別的比較、檢驗理論）。
＿＿＿描述量化研究設計（例如：實驗、準實驗、單一受試者、相關、調查）。
＿＿＿解釋為什麼這種設計，適合來探討所想研究的問題。
＿＿＿陳述使用這種設計，可能遭受的效度威脅。
量化資料蒐集
＿＿＿確認將要研究的地點。
＿＿＿確認已經有取得哪些相關的研究許可（包括：機構審查委員會的核准）。
＿＿＿說明如何招募研究參與者。
＿＿＿參與者的人數。
＿＿＿討論所使用之立意抽樣的類型（抽樣的判準）。
＿＿＿說明參與者將可能從研究當中獲得什麼益處（互惠性）。
＿＿＿資料蒐集的類型（資料蒐集表格）。
量化資料分析
＿＿＿說明計畫使用哪些輸入程序，來彙整量化資料庫。

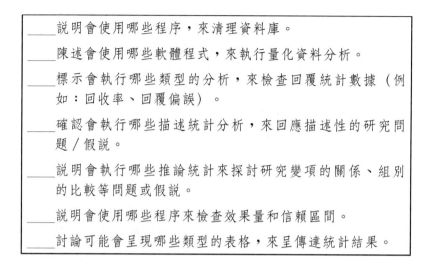

_____說明會使用哪些程序，來清理資料庫。

_____陳述會使用哪些軟體程式，來執行量化資料分析。

_____標示會執行哪些類型的分析，來檢查回覆統計數據（例
　　　如：回收率、回覆偏誤）。

_____確認會執行哪些描述統計分析，來回應描述性的研究問
　　　題／假說。

_____說明會執行哪些推論統計來探討研究變項的關係、組別
　　　的比較等問題或假說。

_____說明會使用哪些程序來檢查效果量和信賴區間。

_____討論可能會呈現哪些類型的表格，來呈傳達統計結果。

　　　這份檢核清單可提供作為指南，來引導發展融合方法研
究當中嚴謹的量化元素。這份清單聚焦在，量化資料蒐集與
分析的組成元素，並且有助於強化【方法】章節陳述和討論
關於量化研究使用的典型實施程序。

第 5 節　質性研究的技巧

　　　基本上，質性研究的進行也是遵循前一節介紹量化研
究的類似流程，但是其中有許多程序的組成元素，則是明顯
和量化研究有所不同。以下，在討論質性取徑的研究流程實
施元素時，我會附帶描述量化研究的對應情況，所以你可以
藉此對照比較，這兩種形式的研究程序實施要素之異同。在
這些程序的進展過程中，質性研究者必須執行下列相關的技
能：

- 質性研究者也可能從理論出發，使用理論來引導研究問題，但是在研究過程，理論會受到修正，而不是固定不變。個中關鍵要領就是，要隨著探究者從研究參與者所學習到的，讓研究逐漸演化和改變。

- 從參與者學習的最佳方式就是，質性研究者提出一般性的開放式問題，容許個別的研究參與者，在不受拘限的情況下，來提供資訊。使用變項或構念會限制研究，因此在質性研究中，通常不會使用諸如自變項、依變項、中介變項，或其他類型的變項。相對地，質性研究者會確認關鍵主題，也就是核心現象，使用開放式問題，訪談參與者，從而探索該等核心現象。比方說，所欲探索的核心現象可能是「沉默無語」，研究者可能會抽選企業組織的參與者，從而探索「沉默無語」這種說法代表什麼意思。

- 在研究採用的設計類型方面，質性方法也不同於量化方法。在量化研究可能是從實驗取向的類型著手發展研究設計，相對地，質性研究的設計則是來自社會學、心理學和人文學門的領域。在這當中，採用的研究設計不叫作實驗或調查，而是反映出研究進行的可能取徑，比方說：

  (1) 在敘事（narrative）取徑的質性設計，是要去發掘個人的生命故事。

  (2) 在現象學（phenomenological）取徑的質性設計，會去探索不同的人對於某些構念（譬如：寂寞），各自可能有什麼樣的體驗。

  (3) 在扎根理論（grounded theory）取徑的研究，我們

　　根據參與者的觀點來產生理論，而不是直接從書架上取得的現成理論（off-the-shelf theory），並且是先前學者根據諸多地點的不同樣本發展而來的。

(4) 在質性的個案研究（qualitative case study），我們會探索單一或若干個案，看這些人們是如何面對特定的議題。

(5) 在俗民誌（ethnography）的質性研究，我們會研究共享某種文化的一群人，看看他們是如何發展某些語言、行為模式，以及行為的規則（Creswell, 2013）。

　　以上，僅是摘列質性研究最常用的五種取徑，但這並非窮盡所有的質性研究設計，而只是代表其中最常見的典型。

・相對而言，量化研究蒐集的是數據資料，質性研究則是蒐集文字資料（例如：由錄音轉謄的逐字稿），或是影像資料（例如：照片或錄影）。事實上，質性研究的註冊商標就是，廣泛蒐集五花八門的質性資料，尤其是在數位年代，形形色色的數位化簡訊和網站資訊。不論蒐集的資料是屬於哪種類型，都不是透過量表或檢核表之類的工具加以勾選，而是透過開放式的問題，請參與者回答或提供他們想要分享的資訊，再由訪員加以記錄。

・然後，在質性資料分析的階段，會逐一檢視文字段落或影像畫面，從而形成集結的資料單位，先是進行編

碼（codes），然後再組織整理編碼使浮現成為主題（themes）。有時候，若干主題可能會彼此相關聯，而形成事件年表（chronology of events），譬如：個人在等待肝臟移植期間的適應歷程（請參閱 Brown, Sorrell, McClaren, & Creswell, 2006）。質性資料分析軟體，譬如：MAXQDA（Verbi GmbH, 2013），常用來輔助研究者組織、爬梳、捕捉有用的引述字句。

· 因為質性研究有如此多樣的設計類型可供採用，所以各種質性研究的報告格式就存在著相當大的差異性。質性研究的結案報告格式相當豐富多元，包括：敘事研究的訴說故事，乃至於扎根理論比較傾向科學取徑的報告。

· 質性研究者確保，產生高品質研究報告的對策包括：
  (1) 融入參與者的觀點；
  (2) 呈現複雜分析，闡明研究主題或核心現象牽涉的諸多因素；
  (3) 確保結案報告正確反映參與者的觀點（效度）；
  (4) 融入大量的證據，用來支持研究建立或發現的編碼、主題。
  (5) 除了這些普遍的要素之外，特定的設計，譬如：俗民誌或現象學取徑的研究，也各自有其獨有的衡量標準，用以判斷研究報告的品質。

　　一般而言，質性研究者都不太願意，設立標準或檢核清單（雖然在良好質性研究的【方法】章節，似乎應該納入如此的項目），因為那有可能會限制了研究創意的浮現。不

過，我倒是認為，所有研究者應該都會承認，質性研究者在
投入研究時，心中或多或少都明白，有一些需要遵循的實施
程序。我彙整了一份質性研究方法要素檢核清單，我認為，
可以幫助確保，質性研究【方法】章節的周延程度。這份檢
核清單，就如同前述的量化檢核清單一樣，包括了研究設計
的元素，以及資料蒐集與分析的方法（請參閱表 3.3）。

表3.3　在討論質性方法的嚴謹度檢核清單

通論

_____提供邏輯理由說明為什麼質性研究，特別適合用來探討
　　　所要研究的問題（例如：參與者觀點、脈絡、複雜的理
　　　解、缺乏已知的變項、捕捉聲音）。

_____描述所要採用的質性研究設計的類型（例如：敘事研
　　　究、現象學、扎根理論、俗民誌、個案研究）。

_____解釋為什麼此等設計，特別適合用來探討所要研究的問
　　　題。

質性資料蒐集

_____討論將要研究的地點。

_____確認已經有取得哪些相關的研究許可（包括：機構審查
　　　委員會的核准）。

_____說明如何招募研究參與者。

_____參與者的人數。

_____討論所使用之立意抽樣的類型（抽樣的判準）。

_____標示研究參與者的基本資料。

_____說明參與者將可能從研究當中獲得什麼益處（互惠
　　　性）。

_____資料蒐集的類型（資料蒐集表格）。

```
_____資料蒐集的範圍。
_____使用來記錄資料的訪談、觀察、紀錄。
_____陳述可能會詢問的研究問題（如果有進行訪談）。


資料分析
_____討論如何準備資料（逐字稿）。
_____資料分析的一般程序（研讀資料和備忘錄、資料編碼、
　　　描述、發展主題、詮釋主題等）。
_____特定程序（例如：扎根理論、開放編碼、軸心編碼、選
　　　擇性編碼等）。
_____討論質性資料分析軟體的使用（例如：MAXQDA）。
_____討論是否有使用多位編碼人員（亦即，尋求評分者間的
　　　合意程度），如果有，如何界定評分者間的合意，以及
　　　指定合意的百分比。
_____討論擬使用的效度策略（例如：成員檢核、三角檢核、
　　　負面個案分析、同儕稽查、外部稽查、融入田野）。
_____討論反思性（研究者的經驗和角色，如何可能影響研究
　　　發現的詮釋）。
```

　　在撰寫質性方法的段落時，除了前述特定的建議之外，我們也應該注意，質性研究在社會和行為科學、衛生科學越來越廣受接受。在衛生科學，我們越來越強調，衛生服務提供者與病患之間的互動，病患關於的選擇，個人化的醫療、在生物觀點之外融入更多人性的要素，評估醫療服務，研究病患母群，以及醫院和診所等組織場域。

❖ 本章建議

　　我一向抱持的立場是勉勵，融合方法的研究者應該努力讓自己嫻熟量化、質性與融合方法的研究技能。在融合方法研究團隊擁有各路人馬，全方位含括關鍵技能，有助於發展優質的融合方法研究計畫案。團隊合作代表成員之間互動良好，並且能夠在擁有多方位研究知能的領導者主持帶領之下，保持開放心態，坦然分享個人的方法論取向。融合方法研究不論是由個人獨立執行，或是由團隊分工合作執行，都需要知道研究過程的基礎要素。

　　質性和量化研究的關鍵要素，需要熟悉掌握。同樣地，也必須熟練這兩種形式研究【方法】章節寫作的細節，包括量化與質性資料蒐集及分析的方法。總而言之，嚴謹的融合方法研究的【方法】章節撰寫，應該能夠反映出扎實的量化與質性方法。

❖ 延伸閱讀

1. Brown, J., Sorrell, J. H., McClaren, J., & Creswell, J. W. (2006). Waiting for a liver transplant. *Qualitative Health Research, 16*, 119-136. doi: 10.1177/1049732305284011

2. Creswell, J. W. (2013). *Qualitative inquiry and research design: Choosing among five approaches* (3rd ed.). Thousand Oaks, CA: SAGE.

3. O'Cathain, A., Murphy, E., & Nicholl, J. (2008a). Multidisciplinary, interdisciplinary, or dysfunctional? Team

working in mixed-methods research. *Qualitative Health Research, 18*, 1574-1585.

4. Shadish, W. R., Cook, T. D., & Campbell, D. T. (2002). *Experimental and quasi-experimental designs for generalized causal inference.* Boston, MA: Houghton Mifflin.

5. VERBI GmbH. (2013). MAXQDA [Computer software]. Retrieved from www.maxqda.com/

第 4 章

融合方法的基本設計和進階設計

❖本章主題

- 三種基本設計和三種進階設計
- 採用其中每一種設計類型的意圖、優點和挑戰
- 根據哪些判準,來選擇適用於你研究的設計類型

第 1 節　初步的考量事項

在確定你的研究設計之前，一種有幫助的作法就是，去回顧融合方法領域有關研究設計的一般狀態。經過這些年來的發展，目前已有許多設計可供融合方法研究選擇，而且設計的名稱與類型也持續增加中。一般而言，我感覺，融合方法研究者發展的設計，在名稱和實施程序等方面，都傾向太複雜。我覺得，比較有幫助的作法應該是，先從簡單的設計開始，以及確實瞭解使用該等設計將會讓你獲得什麼樣的成果。

另外，還有一點值得注意，那就是應該正視，初期擬定的設計到後來其原本的概念化可能會有所改變。比方說，獎助機構可能會要求調整研究計畫提出的設計；再者，也可能為了配合資源和工作人員，或是研究參與者考量優先順位的轉變，諸如此類的情況也可能需要改變原本的設計。最好的作法是把設計看作是隨著研究進程、逐漸浮現成形，而不是擬定之後就維持原封不動。

最後，很重要的是，從基本的設計開始，清楚確認支持採用該等設計的理由，並且將該設計繪製成圖。我在本書將會介紹討論，兩大類的融合方法研究設計：基本設計，以及進階設計。

第 2 節　基本設計

基本設計（basic designs）是構成所有融合方法研究基

礎的核心設計，主要可分為三種：併列設計、解釋型序列設計、探索型序列設計。先前在第 1 章、第 2 章，我已經概略介紹過這三種基本的設計。許多發表的融合方法研究，都可發現採用這三種設計當中的一種。任何時候，當我們在閱讀發表的融合方法研究，你應該首先檢視，其中採用的是哪種基本設計作為研究的基礎。有些作者或許沒有以簡單、直截了當的方式來傳達該等基本設計，但是儘管如此，該等設計仍然存在，並且是該融合方法研究的核心基礎。事實上，不論採用哪種設計，那就變成整個研究的架構。確認設計之後，可以讓你初步擬出研究的標題，發展提出融合方法的研究問題，組織你的資料蒐集與分析，並且輔助你詮釋與撰寫融合方法研究的報告。

融合方法的基本設計：
• 併列設計（convergent design）
• 解釋型序列設計（explanatory sequential design）
• 探索型序列設計（exploratory sequential design）

 併列設計

併列設計（convergent design）的意圖（intent），是要融合量化與質性資料分析的結果。這樣的融合提供了關於研究問題的量化與質性圖像，因為兩種資料可產生不同的洞視，兩者結合有助於從多元角度和多元觀點來看問題。簡言之，量化結果產生普遍趨勢和關係，這通常都是探討回答

研究問題所需要的；另一方面，質性結果提供深度的個人觀點。這兩方面的資料都是有用的結果，其合併不僅只是產生較多的資料；更重要的是，能夠對研究的問題有更完整的理解，這是單獨任何一方面的資料集所無法達成的。這一點也正是併列設計背後的邏輯所在，因此，使用這種設計的結果，融合方法研究者可以發展提出多元觀點，甚或是使用質性與量化雙方面的資料集來相互佐證。

> 併列設計（convergent design）
>
> 涉及蒐集和分析量化與質性雙方面的資料，這種設計的意圖是要將量化與質性資料分析彙整合一。

併列設計的實施程序，相當直截了當：

1. 首先，分開蒐集與分析量化和質性資料。
2. 把這兩方面的資料集整併合一，實施的方式可有許多種：
   (1) 併列比較（side-by-side comparison）：當兩方面的結果分別整理好之後，在【討論】章節，將量化與質性資料集併列呈現，從中做出詮釋或推論。比方說，可能先報告量化結果，接著再報告質性結果。然後，將這兩方面的資料集併列呈現，從而進行討論，比較量化與質性的結果。
   (2) 資料轉化（data transformation）：將其一組資料集的形式，轉化成另一組資料集的形式，以方

便對照比較。比方說，可以針對質性資料分析發現的諸多不同主題，分別計算各個主題出現的次數，這些數量資料就可轉變成新的變項，從而得以輸入量化資料集。

(3) 聯合展示（joint display）：將量化結果和質性結果，安排呈現於同一表格或圖案中。第 7 章，我們會進一步詳細說明，如何建立和使用聯合展示的圖表。

3. 在量化與質性結果整併合一之後，接著就要著手檢視，兩者之間相互佐證的程度。如果檢視發現有差異，接下來就要設法解釋，為什麼會發生該等差異（例如：可能是量化測量缺乏效度；量化與質性方法之間，缺乏平行的問題，難以輔助兩組資料集的對照比較）。

對於需要在田野研究蒐集量化與質性兩方面資料的研究者，併列設計相當好用。從直覺上，就可明白這種設計是很合用的。因為兩方面的資料可以併列，從而能夠讓研究者由若干不同角度，來檢視問題的多元形貌。不過，這種設計執行起來頗具挑戰性。其中一個挑戰就是，為了要能夠整併量化與質性資料，研究者必須從開始就確保，量化與質性的研究分段都使用同一種測量或評估。雖然這種平行的建構是不可或缺的關鍵要件，但是卻也常常沒有受到該有的重視。另外一個挑戰是，研究者必須知道，如何將兩組資料集整併合一。他們需要熟悉，兩種資料的程序，以及建立聯合展示，或是併列比較。然而，對於許多研究者而言，卻不是那麼明

顯就能夠胸有成竹，清楚瞭解應該要如何來整合這兩方面的
資料集（一組是數據資料集，另一組是文字資料集）。

　　圖 4.1 展現的是一個簡化的併列設計圖，這可以幫助我
們領略，研究者在繪製研究設計圖時，基本上是從何處開始
著手。我稱呼這種設計為單一階段的設計，因為兩種形式的
資料蒐集乃是發生在同一時期（亦即同一階段）。

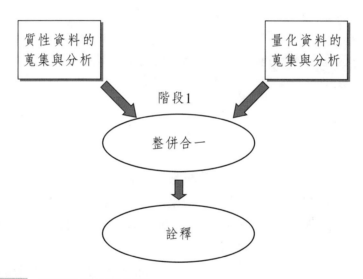

圖4.1　併列設計簡易圖解

◆ 解釋型序列設計

　　解釋型序列設計（explanatory sequential design）的意
圖是要，透過先執行量化分段（strand，研究當中的量化或
質性組成部分）來蒐集與分析資料，然後執行質性研究，來

解釋前一階段發現的量化結果。量化結果可以產生統計顯著性、信賴區間、效果量等數據，從而提供研究的一般結果。不過，很多時候，在取得如此結果之餘，我們並不明白，該等結果是如何發生的。在這種情況下，我們就有需要投入質性階段，用來幫助解釋量化研究的結果。也就是這種研究設計，稱為解釋型序列設計的理由所在。

> 解釋型序列設計（explanatory sequential design）
> 意圖是先著手進行量化分段，然後執行質性分段，用來解釋量化結果。

解釋型序列設計的實施程序如後：

1. 第一階段，蒐集與分析量化資料。
2. 檢視量化分析結果，用來決定：
   (1) 哪些結果還需要透過執行第二階段質性研究，來提供進一步的解釋；
   (2) 在質性研究階段，有哪些問題需要提出來問參與者。
3. 開始第二階段，執行質性資料蒐集與分析，用來幫助解釋第一階段的量化結果。
4. 針對質性結果如何幫助解釋量化結果，做出推論。

這種設計的優點是，兩個明顯不同的研究階段，相當容易辨識分別，而且彼此相輔相成。因此，這種設計在融合

方法的新手與研究生當中很受歡迎。這種設計在量化背景的研究者當中也很受歡迎，因為研究開始的第一階段是量化研究。這種設計的研究執行相當具有挑戰性，因為需要投入相當多的時間，才得以完成前後兩個截然不同的研究階段。另一個挑戰是，必須決定哪些量化結果需要進一步解釋。面對這樣的挑戰，研究者可能選擇以下因應對策：(1) 追蹤特定人口學背景的參與者；(2) 擴充研究來解釋重要變項（或是出乎意料未達顯著的變項）；(3) 密切檢視量化結果發現的極端或離群個案（outlier cases）。

圖 4.2 提供兩階段解釋型序列設計的簡易圖解。

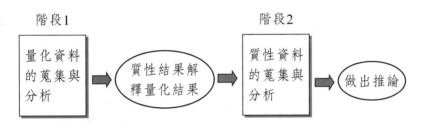

階段1　　　　　　　　　　　　　階段2

圖4.2　解釋型序列設計簡易圖解

探索型序列設計

探索型序列設計（exploratory sequential design）的意圖是要，藉由先執行質性資料蒐集與分析，進行初步探索。然後，第二階段運用第一階段的質性結果，來發展量化研究所需的測量或新的工具，或是新的實驗介入。緊接著，第三階段可能就是應用該等測量、測試新的工具，或是在實驗當

中評估新的介入。如你所見，這第三階段的量化研究有若干
種可能的選擇作法。

探索型序列設計（exploratory sequential design）
意圖是要，首先探索透過質性資料的蒐集與分析，發展
工具或介入，然後再執行第三階段的量化程序。

探索型序列設計的實施程序如後：

1. 蒐集與分析質性資料。

2. 檢視質性分析結果（例如：主題），並且使用該資
   訊來設計可供下階段使用的量化研究元素，譬如：
   新的測量、新的工具、新的介入活動等。這當中的
   理念如後：新的量化研究元素，因為立基於參與者
   實際的經驗，所以能夠比現存可用的量化研究元素
   （譬如：既存的測量、工具、介入活動等）有所改進。

3. 使用新的量化研究元素，加以測試。這意味著，新
   的測量將會被置入既存的量化資料集之中。比方
   說，可能是測試新工具的效度和信度。也可能是將
   新的元素加入實驗的測試內容之中，或是加入成為
   介入的內容（或是作為新的前測—後測的測量）。

4. 最後步驟，就是要報告新的元素（譬如：新的測量、
   工具、介入活動等）如何改善既存的研究變項、提
   供新的而且有較好脈絡基礎的工具，或是在既存介
   入當中加入有幫助的成分（譬如：提高介入的可行

性）。除此之外，因為第一階段的質性資料是取自小樣本，新的量化元素的測試可以提供洞視，用來幫助是否能夠將結果概化類推到第三階段較大的樣本。

如你所見，探索型序列設計有三個主要階段：首先，第一階段是質性探索，第二是量化階段，最後是量化階段。由於這種設計涉及三個階段，因此也成為三種基本設計當中最困難執行的。如同解釋型序列設計一樣，這種設計也需要投入相當多的時間，而且該等階段所需的時間比起其他兩種基本設計還要來得更長些。另外還有一種挑戰就是，在執行這種設計時，必須把質性結果轉化而導出新的變項、新的工具，或是新的介入活動。

從質性結果可以取出哪些資訊，用來輔助第二階段的各種程序呢？質性結果從參與者產生特定的引述字句，進而形成編碼，繼而擬出主題。如果第二階段是要發展新的測量，那麼就會從主題發展出測量或變項。如果是要發展新的工具，那可能就會從引述字句發展成題項；從編碼發展成變項；從主題發展成量表。如果是要發展新的介入活動，那就可能設計由編碼和主題導向的活動。這種設計還可能有另外一種挑戰那就是，在根據質性探索結果，來發展新的工具或修改既存工具時，如何確保發展出具有比較理想心理計量特性的工具。目前，關於量表發展與工具建構，已有許多優秀的資源可供參考（例如：DeVellis, 2012）。以下，摘要整理我發展使用來建構量表與測量工具的一系列實施步驟，酌供參考：

1. 回顧文獻，與／或取得專家團的討論建議。

2. 確認可能的測量題項。

3. 抽選小樣本，針對前述可能題項執行預試，進行探索性因素分析（exploratory factor analysis）。

4. 執行量表的信度分析。

5. 抽選較大樣本，使用前述測量工具來實施調查。

6. 執行調查結果的驗證性因素分析（confirmatory factor analysis）。

7. 使用結構方程模式（structural equation modeling，簡稱 SEM），來確認隱性變項（latent variables，或譯作潛在變項）。

8. 找尋證據來支持測量工具的建構效度。

　　在優點方面，探索型序列設計的嚴謹度，使其成為一種複雜而精密的融合方法設計。再者，因為第一階段是探索型的，這種融合方法設計對於低度開發國家（以及全球衛生研究）的研究相當有用，源自西方國家研究的測量在這些低度開發國家的適用性可能不高，研究者有必要先探索測量是否能夠有效運用於該等場域。再者，熟悉質性研究而且能夠運用自如的研究者，通常會比較喜歡這種設計，因為一開始是先做質性研究。

　　探索型序列設計的簡易圖解，請參閱圖 4.3，如你所見，這設計當中有三個相互連結的質性與量化階段。

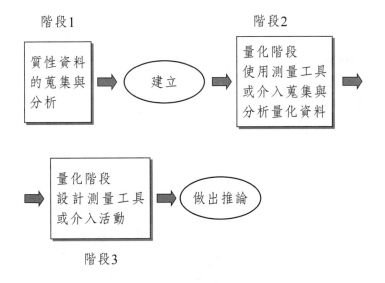

階段1　　　　　　　　　　　　階段2

質性資料
的蒐集與
分析

建立

量化階段
使用測量工具
或介入蒐集與
分析量化資料

量化階段
設計測量工具
或介入活動

做出推論

階段3

圖4.3　探索型序列設計簡易圖解

第 3 節　進階設計

　　如前所述，要開始思考融合方法設計的一個切入點，就是去確認研究的基本設計。有了基本設計作為基礎之後，你可以再加入其他設計元素，而結果也就是我們所謂的**進階設計**（advanced designs）。本章，我會舉例說明，融合方法研究常用的三種進階設計，分別為：介入設計、社會正義設計、多階段評鑑設計。在這三種設計當中，你可以發現個中作為基礎的基本設計。

進階的融合方法設計（Advanced Mixed Methods Designs）
・介入設計
・社會正義設計
・多階段評鑑設計

 介入設計

　　介入設計（intervention design）的意圖是要，在實驗或介入試驗當中，將質性資料融入其中，從而研究問題。

　　實驗或介入試驗的組成元素，包括：確認組別（例如：實驗組與控制組或對照組）；針對實驗組進行介入處置試驗；決定介入處置是否有發揮成效。控制組，沒有接受介入處置，其結果應該不會產生改變。在前測—實驗組接受介入處置—後測的實驗基本模式中，我們可以融入質性研究元素。在這當中，質性資料可能發揮若干種目的。根據可用資源和試驗目的等因素，融合方法研究者可考量在三個時間點，將質性方法元素加入實驗，這三個時間點分別為：

・在實驗開始之前
　比方說，研究者可能在實驗之前，執行質性訪談，目的是為了要招募適當的人來參與實驗，或是幫助設計比較有可能對實驗參與者產生衝擊的介入程序。在此種例子當中，就是在介入試驗的研究當中，採用探索型序列設計作為基礎架構，因為在實驗之前，先執行質性方法的

探索。

· 在實驗執行期間

比方說，研究者可能在實驗期間，融入質性方法元素，用來研究參與者對於介入活動有如何的體驗，或是用來探索介入活動對於實驗是否可能有正向或負向的影響。此種例子當中，就是採用併列設計作為基礎的介入設計，因為質性元素是在量化試驗進行過程當中融入該等試驗之中。

· 在實驗完成之後

比方說，研究者可能在實驗結束之後，針對實驗結果進行追蹤探究，以便在量化結果的統計分析之外，提供更多脈絡細節的解釋。這就構成以解釋型序列設計為基礎的介入設計。

介入設計（intervention design）

介入設計是在實驗或介入試驗的研究架構內，加入三種基本設計當中的一種，其意圖是要，在實驗或介入試驗當中，融入質性方法元素，從而更臻完善地提出探討所要研究的問題。

介入設計的實施程序如後：

1. 根據所選用的基本設計作為基礎，決定將如何使用質性方法元素融入量化實驗或介入試驗當中，可能的融入時間點包括：質性在量化之前（探索型序列

設計）；質性與量化在同一期間；質性在量化之後
（解釋型序列設計）。

2. 執行實驗：將受試者分派至實驗組與控制組；決定
前測—後測使用的測量；蒐集資料；評估實驗介入
或處置是否有發揮成效。

3. 分析質性結果，來評估其影響作用。

4. 詮釋質性資料如何可能幫助解釋量化的實驗結果。

介入設計可能遭遇的挑戰：

- 研究者需要知道，如何執行嚴謹的實驗，能夠熟悉運
用諸如下列的標準，包括：隨機分派受試者的程序；
高品質的處置「劑量」（dosage）；控制潛在的效度
威脅（請參閱 Creswell, 2012）。

- 研究者需要決定，在研究過程當中，應該往何處與在
何時蒐集質性資料。比方說，當研究者在實驗期間蒐
集質性資料，研究者的偏見必須密切監督，以確保質
性資料蒐集不會對試驗結果造成沒必要的干擾影響。
在某些例子當中，研究者必須懂得如何在試驗結束之
後，蒐集所謂非干擾式的資料（unobtrusive data，例
如：實驗受試者在試驗過程中所記錄的日誌）。

介入設計的優點：

- 在衛生科學領域，這是普受歡迎採用的一種嚴謹設
計，因為隨機控制試驗乃是此領域研究的黃金標準，

　　然而在許多研究論文當中，有些作者對於傳統的實驗設計頗有微詞。相對地，在介入設計當中，透過在傳統的實驗設計之外融入了若干質性元素，從而強化了研究結果的可信度，並且也在人為控制的實驗室研究，增添了比較貼近自然的人性化元素。

　　介入設計的圖解有許多可能的繪製方式，其中一種簡易的畫法就是，聚焦在質性元素融入實驗或介入試驗的三種時間點，分別為：在實驗之前、在實驗期間、在實驗之後，請參閱圖 4.4。

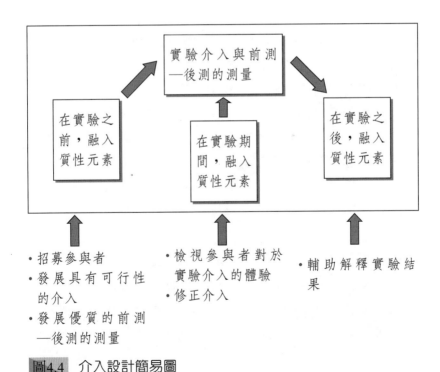

圖4.4　介入設計簡易圖

社會正義設計

社會正義設計（social justice design）的意圖是要，在社會正義架構之下來提出探討問題，該架構會交織、貫穿融合方法研究全部過程的各個元素。在融合方法研究，可能發現諸如下列的社會正義架構：性別透鏡（女性主義或男性化）、種族透鏡、社會階級透鏡、失能透鏡、生活型態取向透鏡，或是結合一個以上的透鏡。社會正義設計屬於進階設計，換言之，這種融合方法研究乃是以某種基本設計（亦即併列設計、解釋型序列設計，或探索型序列設計）作為基礎。另外再將某種社會正義透鏡，交織、貫穿到研究全程的各個元素。

如何可能將社會正義透鏡交織、貫穿整個研究呢？比方說，如圖 4.5 所示，我們可以看到，一個以解釋型序列設計為基礎的融合方法研究。其中有許多地方，可以看到插入了女性主義的透鏡。譬如：在研究的一開始，就建立了帶有女性主義取向的理論，型塑研究提出探討的問題類型，決定研究參與者的類型（女性）。此外，在資料蒐集與主題報告等部分，也可以發現女性主義理論的蹤跡，最後在研究結尾處，也提出呼籲付諸改善女性處境的實際行動。

社會正義設計（social justice design）

這種融合方法進階設計的意圖，是要在某種總括的社會正義架構之下來研究問題。研究者以某種基本設計作為基礎，另外再將某種社會正義透鏡，交織、貫穿整個研究。

社會正義設計的實施程序如後：

1. 確認你計畫使用的基本設計，考量你為何以及要在何處加入質性元素。
2. 納入理論透鏡，用來參照建立研究全程各階段的研究元素。
3. 執行研究。
4. 討論社會正義透鏡，如何幫助提出探討研究的問題。

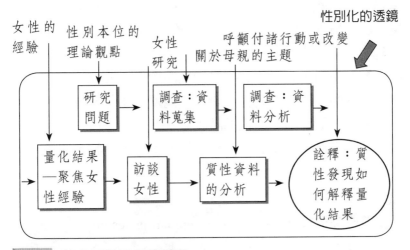

圖4.5　社會正義設計簡易圖

　　社會正義設計的優點是，研究意圖藉由結果來幫助改善，邊緣化群體或弱勢個人所遭受的不公正處境或遭遇。研究的最後會提出要求改變的呼籲，研究者採取創造社會正義的立場。在世界各地遭受社會不公正或邊緣化處境的族群當

中，這種設計的研究相當受到歡迎。

　　使用這種設計的挑戰在於：(1) 要能夠有效決定應該採用哪些社會正義透鏡；(2) 要知道如何在研究的每一個階段融入社會正義透鏡；(3) 融入社會正義透鏡的方式，要有助於促使參與者不再繼續承受邊緣化的處境。

 多階段評鑑設計

　　多階段評鑑設計（multistage evaluation design）的意圖是要，執行橫跨時間的多次研究，來評鑑方案或活動的成果。此名稱當中的「多階段」是指，研究由多段元素組成，而且每一階段其本身都可代表單一的研究；此名稱當中的「評鑑」是指，要評估方案或活動的價值或成效。構成這個整體設計的各個組成研究階段，可能採用量化、質性或融合方法。和先前介紹的兩種進階設計一樣，在這種設計的研究內，其基礎可能反映併列設計、解釋型序列設計，或探索型序列設計。

> 多階段評鑑設計（multistage evaluation design）
>
> 這種融合方法進階設計的意圖，是要跨越一段時間來執行多次研究，以評鑑方案或實施行動的成效。

　　圖 4.6 透過範例圖解說明多階段評鑑設計，其中有些階段採用量化方法，有些採用質性方法。各階段的子目標包括：需求評估、理論概念化、發展工具與測量、方案實施與測試、方案追蹤與優化等。

實施多階段評鑑設計時，一般會採取下列程序：

1. 確認哪項方案需要評鑑，以及哪些團隊成員來執行評鑑任務。
2. 考量對於這項評鑑，需要哪一種基本設計作為基礎架構。典型的評鑑，開始是進行需求評估，並且是以探索型序列設計作為基礎。
3. 確認評鑑的各種階段，可能包含：需求評估、理論概念化、測量與工具的具體明細化、運用測量與工具來測試方案、追蹤協助解釋方案實施的測試結果。
4. 決定在每一階段，是否要蒐集及分析量化與／或質性資料。
5. 執行評鑑，進而修改、優化方案和所需的工具。

　　多階段評鑑設計的強項在於，透過系統化的程序來記載方案的成果。研究團隊成員可能兼具量化與質性（或融合方法）的知識、技能。這同時也是一種複雜的設計類型，需要橫跨相當時日來執行，對於研究獎助機構而言，這樣的設計也比較可能做出嚴謹而且面面俱到的研究案。

　　使用多階段評鑑設計的一個挑戰就是，不適合單打獨鬥的研究者，而需要研究團隊（通常還需要有利害關係人等的支持）。找尋研究經費和所需投入的時間，也可能有相當的難度。再者，需要有良好的協調溝通來聯繫團隊成員，協助整合成員之間的分工合作，確保成員明白整體評鑑專案的目標。最後，各階段環環相扣，團隊必須考量前後階段的銜接和連貫，這些都需要強而有力的團隊領導統御（請參閱第 3

章）。

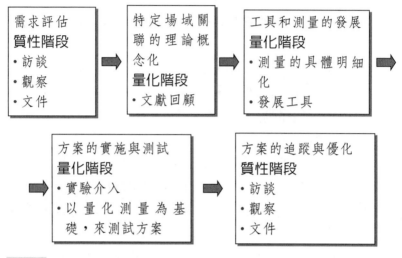

圖4.6　多階段評鑑設計簡易圖

第 4 節　如何選擇設計

　　我會建議，你先確認所要使用的基本設計。在選擇基本設計的時候，我會和你考量，是要計畫用併列或序列的方式，來結合量化與質性方法元素？如果是要用同時併列的方式，那就是併列設計；如果是前後序列的方式，那就是序列設計。然後，我會和你討論，是否會額外添加某些事項，譬如：實驗、社會正義透鏡、或是長程的評鑑元素。如果要加入這些元素，那就會從基本設計轉成進階設計。

　　在你選擇設計時，還有其他的因素也可能發生影響作

用。我會考量，你將會帶來什麼樣的研究技能與研究取向。
如果你的背景傾向比較強的量化取向（可能是基於個人興趣
或是你所屬的學門領域使然），那我會建議你選擇先執行量
化方法的設計，亦即解釋型序列設計。如果你是屬於質性取
向，那我就會建議你考慮探索型序列設計，這是先執行質性
方法的設計。另外，我也會評估你的研究技巧是量化比較
強，或是質性比較強，再參照前述邏輯來建議你選擇適合的
設計。

　　最後，我會建議你檢視自己領域的文獻，看看有做
過哪些類型的融合方法研究。當我和同僚檢視創傷研究領
域的實徵融合方法研究，我發現大多屬於解釋型序列設計
（Creswell & Zhang, 2009）。當我參與衛生科學領域融合
方法研究的討論，我發現，有較多屬於介入設計，包括：
將質性方法元素融入實驗之前、實驗期間或實驗之後等模式
（Creswell, Fetters, Plano Clark, & Morales, 2009）。

❖ 本章建議

　　關於本章討論的融合方法基本與進階設計，以下整理出
若干特定的建議，酌供參考：

- 在你初步構思融合方法的設計時，最好先考量三種基
本設計。就執行的難易度來看，最簡單的可能是解釋
型序列設計，其次是併列設計，探索型序列設計比較
複雜，因為需要較多的階段，而且需要較廣範圍的技
巧。

- 在選擇基本設計類型時，考量的角度不要著眼於，執行的先後順序（例如：質性先執行、量化先執行、兩者同步執行），或強調的重點所在（例如：強調質性、強調量化，或是兩者同等重視），而是要考量研究的意圖（intent）；也就是你希望使用這樣的設計，來回答什麼樣的問題，以便達成什麼目的？比方說，你的意圖是否想要對照比較兩組資料（併列設計）？想要藉由質性資料來解釋量化結果（解釋型序列設計）？想要先探索，然後發展研究的量化元素（探索型序列設計）？

- 決定基本設計之後，才考量你是否要加入額外的元素，來擴展基本設計使成為進階設計。比方說，你是否可能考量在選定的基本設計中加入實驗（或介入試驗）？社會正義架構？方案評鑑？

- 其他考量因素，包括：研究的意圖（你希望研究達成什麼目標）、你的背景和技巧層級、你所屬學門或領域傾向採用的設計類型。

❖ 延伸閱讀

【融合方法設計】

1. Creswell, J. W., & Plano Clark, V. L. (2011). *Designing and conducting mixed methods research* (2nd ed.). Thousand Oaks, CA: SAGE.

【實驗設計】

2. Creswell, J. W. (2012). *Educational research: Planning,*

conducting, and evaluating quantitative and qualitative research. Boston, MA: Pearson.

3. Shadish, W. R., Cook, T. D., & Campbell, D. T. (2002). *Experimental and quasi-experimental designs for generalized causal inference*. boston, ma: houghton mifflin.

【評鑑設計】

4. Rossi, P. H., Lipsey, M. W., & Freeman, H. E. (2004). *Evaluation: A systematic approach*. Thousand Oaks, CA: SAGE.

【研究工具或量表設計】

5. DeVellis, R. F. (2012). *Scale development: Theory and applications* (3rd ed.). Thousand Oaks, CA: SAGE.

值得推薦的各類設計的優質實徵研究範例：

【併列設計】

6. Wittink, M. N., Barg, F. K., & Gallo, J. J. (2006). Unwritten rules of talking to doctors about depression: Integrating qualitative and quantitative methods. *Annals of Family Medicine, 4*, 302-309. doi: 10.1370/afm.558.

【解釋型序列設計】

7. Ivankova, N. V., & Stick, S. L. (2007). Students' persistence in a distributed doctoral program in educational leadership in higher education: A mixed methods study. *Research in Higher Education, 48*, 93-135. doi: 10.1007/s11162-006-9025-4.

【探索型序列設計】

8. Betancourt, T. S., Meyers-Ohki, S. E., Stevenson, A., Ingabire, C., Kanyanganzi, F., Munyana, M., . . . Beardslee, W. R. (2011). Using mixed-methods research to adapt and evaluate a family strengthening intervention in Rwanda. *African Journal of Traumatic Stress*, *2*(1), 32-45.

【介入設計】

9. Rogers, A., Day, J., Randall, F., & Bentall, R. P. (2003). Patients' understanding and participation in a trial designed to improve the management of anti-psychotic medication: A qualitative study. *Social Psychiatry and Psychiatric Epidemiology*, *38*(12), 720-727. doi: 10.1007/s00127-003-0693-5.

【社會正義設計】

10. Hodgkin, S. (2008). Telling it all: A story of women's social capital using a mixed methods approach. *Journal of Mixed Methods Research*, *2*(4), 296-316. doi:10.1177/1558689808321641.

【多階段評鑑設計】

11. Nastasi, B. K., Hitchcock, J., Sarkar, S., Burkholder, G., Varjas, K., & Jayasena, A. (2007). Mixed methods in intervention research: Theory to adaptation. *Journal of Mixed Methods Research*, *1*(2), 164-182. doi: 10.1177/1558689806298181.

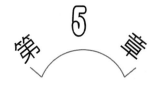

第5章

融合方法研究程序圖的繪製

❖本章主題

- 融合方法研究程序圖的定義與運用
- 繪圖的工具
- 繪圖的基本步驟
- 融合方法基本設計與進階設計的簡易圖解

第 1 節　融合方法研究程序圖的定義

　　融合方法的**研究程序圖解**（diagram of procedures）就是，透過圖解來傳達融合方法設計所採用的程序。其中提供有關資料蒐集、資料分析，以及研究結果詮釋等程序的簡明資訊。在研究當中納入研究程序圖解，這樣構想與作法，乍看之下，可能顯得有些不尋常；但是，我們倒是頗常看到有些研究呈現概念圖，來描述所採用的理論。當研究的程序比較複雜，譬如：融合方法的研究，當中有多元的量化與質性資料蒐集與分析步驟，如果能有圖解，概括呈現研究重要元素的視覺關係，對於化繁為簡瞭解個中的複雜元素與結構，確實頗有助益。除此之外，因為融合方法對於許多聽者和讀者相對比較陌生，可能不容易理解，所以有程序圖解應該是很有幫助的。

第 2 節　融合方法研究程序圖的使用

　　在 2003 年間，我和同僚前往拜會某聯邦機構負責研究獎助業務的官員，此行促成了我開始發展融合方法的研究程序圖。該位官員對於融合方法研究頗有好感，但是表示，這樣的研究計畫不太容易理解，因為資料蒐集與分析的諸多元素。在這場拜會之後，我和同僚開始發想建構融合方法的研究程序圖，並且持續努力加以改良。這種程序圖有許多用途。研究生可以使用程序圖，來展開討論其融合方法研究計畫。刊登融合方法的期刊，譬如：《融合方法研究期刊》

（*Journal of Mixed Methods Research*），也可以看到有文章呈現如此的程序圖。在申請研究獎助的計畫書，也有收錄這類的程序圖。在研討會發表融合方法研究當中，這類程序圖也漸漸成為普遍可見的視覺輔助材料。

簡言之，程序圖可以在精簡的空間內，總括摘述有關融合方法的許多資訊，並且可以提供許多可能的用途。

第 3 節　繪圖的工具

如果繪圖是要用來投稿或在公開場合發表，那麼通常需要使用電腦程式。許多融合方法研究者使用 PowperPoint 來繪圖，因為可以很容易就將材料放進單一頁面。有些人可能使用一般的文字處理程式，甚或是使用試算表的程式來繪圖。當然，也有專業化的電腦繪圖軟體程式，可供選擇使用。

在繪圖之前，必須先知道，你要採用的是哪種類型的設計，是屬於基本設計或是進階設計。再者，使用融合方法研究者熟悉的圖說記號繪圖格式，這也有助於提高繪圖的可讀性。

第 4 節　程序圖的圖說記號

1991 年，Morse 首先提出一套繪製融合方法研究程序圖的圖說記號系統，並且成為廣受歡迎的繪圖格式。在圖5.1，你可以看到，這套圖說記號系統的基本元素。不過，

在融合方法研究圈內，對於這當中各項元素的接受程度並不一致。比方說，加號（＋）和箭號（→）已經成為普遍接受採用的標準元素。其中，加號（＋）是代表，量化與質性方法併列執行；而箭號（（→）則是代表，這兩種方法的執行有一前一後的順序。因此，在融合方法的圖解當中，你應該比較有可能看到這兩種記號。使用上比較沒那麼普遍的記號，包括：大寫英文字母（或粗體中文）表示優先強調的方法，例如：QUAN（量化）、QUAL（質性）；小寫英文字母（或一般字體中文）表示次要或輔助的方法，例如：quan（量化）、qual（質性）。其他符號還包括：圓括弧（），用來嵌入資訊；尖括弧〈〉，用來標示系列研究當中的個別研究。近幾年，為了儘量簡化程序圖的表達方式，以求讀者能夠一目瞭然，融合方法研究者已經逐漸不再熱衷於使用特殊的圖說記號，來傳達不容易直接明瞭的意涵。

表5.1　融合方法程序圖的圖說記號

圖說記號	特定意涵	例子	引述
大寫英文字母（粗體中文）	優先強調的方法	QUAN（量化）、QUAL（質性）	Morse（1991, 2003）
小寫英文字母（一般字體中文）	輔助的方法	quan（量化）、qual（質性）	Morse（1991, 2003）
加號（＋）	併列方法	QUAN ＋ QUAL（量化＋質性）	Morse（1991, 2003）
箭號（→）	序列方法	QUAN → QUAL（量化→質性）	Morse（1991, 2003）

第 5 節　融合方法研究程序圖的基本要素與注意事項

早在 2006 年，Ivankova, Creswell 與 Stick 就已經整理提出了，繪製研究程序圖的五項根本構成要素，以及相關注意事項，簡要摘述如後：

1. 方框，用來標示融合方法當中的量化資料蒐集與分析，以及質性資料蒐集與分析。
2. 圓圈，用來標示研究的整合與詮釋階段。
3. 程序，連接於質性與量化資料的蒐集與分析，緊接著方框，以項目清單簡要描述。
4. 產物，由質性與量化資料蒐集與分析所產生，緊接著方框，以項目清單簡要描述。
5. 箭號，用以顯示程序執行的先後序列。

除了上述五項必備的根本要素之外，還有其他注意要項也同等重要。

融合方法研究程序圖的根本要素
- 方框，用以標示資料蒐集與分析。
- 圓圈，用以標示整合與詮釋。
- 程序，以實心小圓點的項目清單，簡要描述方框涉及的程序。
- 產物，以實心小圓點的項目清單，簡要描述方框產出的結果。
- 箭號，用以標示程序執行的先後序列。

標題

圖必須有標題，用以傳達融合方法所採用的設計類型。
比方說：

Fig 1. A Convergent Design of the Mixed Methods Study
of Adolescent Smoking Behavior.
圖 1. 融合方法併列設計的青少年抽菸行為研究

這標題列出了融合方法設計的類型，也點出了研究的主
旨或焦點。

垂直構圖或水平構圖

程序圖可以採垂直或水平方向的構圖方式，一般而言，
併列設計多半採用垂直構圖，而序列設計則比較多採用水平
構圖。研究者在繪圖時必須考量讀者群的屬性和偏好，以決
定哪種構圖方式可能比較合適。比方說，在軍事或衛生科學
研究領域，大部分的研究程序圖都是採用垂直的構圖方式，
以配合該等領域常見的由上而下結構。

簡潔

另一個考量就是，方框的標籤應該力求簡單扼要，譬
如：「量化資料蒐集」或「質性資料分析」，抑或是應該納
入比較完整的描述資訊，譬如：「訪談資料蒐集」或「訪談
20 位青少年來蒐集資料」。在這方面，融合方法研究經驗

不多的新手比較容易傾向「內容」，而在程序圖當中塞進較多的資訊；相對地，經驗較豐富的融合方法研究者則比較傾向聚焦「方法」，而能夠讓程序圖簡要摘述特定方法的程序構成要素。

　　繪圖必須注意一個關鍵要點，那就是不要畫得太過頭了，而應該力求簡潔扼要，讓讀者容易一目瞭然。因此，在一份圖當中箭號方向儘量保持一致，不推薦使用許多箭號朝向多種不同的方向。簡單的構圖，清楚標示資料蒐集、資料分析、詮釋等流程，再視需要補充局部資訊（譬如：資料蒐集階段的程序和產物）。

四　單頁

　　繪圖應該以單頁為宜，箭號或方框等內容如果跨頁，往往會造成閱讀理解上的混淆。

五　時間軸

　　以線性的時間軸（timeline），標示研究的不同階段，發生的年、月、週、日等資訊，通常也很有幫助。比方說，資料蒐集、資料分析、詮釋等，是在什麼時間執行？這樣的時間軸有助於讀者以及研究者，瞭解研究案的各個階段會在什麼時間點進行。

第 6 節　繪圖的基本步驟

1. 選擇要使用的繪圖程式。
2. 繪製你計畫使用的基本設計，譬如：併列設計、解釋型序列設計，或探索型序列設計。使用方框標示資料蒐集與分析，使用圓圈標示詮釋，使用箭號標示出程序的進行方向。
3. 增添進階設計的元素，譬如：在基本設計之中，置入實驗介入、理論、評鑑等架構，並且標示進階設計的元素。
4. 增添額外的資訊：程序、產物、時間軸、階段，如果你喜歡，也可以考慮使用多種顏色，來區分不同類型的資訊。

第 7 節　繪圖的視覺模式

檢視圖 5.1，你可以看到三種基本設計：併列設計、解釋型序列設計、探索型序列設計。如你所見，每一種程序圖都包含了：方框標示資料蒐集與分析；圓圈標示詮釋；箭號標示活動的進行方向。為了方便起見，這三個圖的例子都是採用水平構圖方式。圖案插入簡要的文字，來摘述各種融合方法設計使用的步驟與關鍵元素。

圖 5.2 呈現的是進階設計的程序圖範例，提供有用的模式來呈現融合方法進階設計（亦即介入設計研究、社會正義設計研究，或多階段評鑑設計研究）的主要流程安排。

併列平行設計

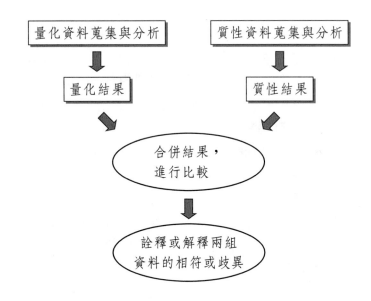

解釋型序列設計

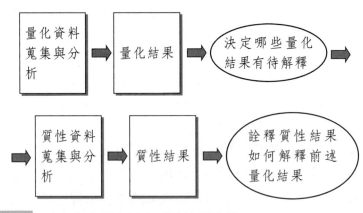

圖5.1 融合方法研究基本設計的程序圖

探索型序列設計

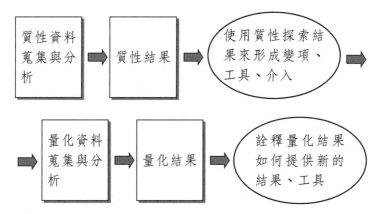

圖5.1　融合方法研究基本設計的程序圖（續）

➡ 介入設計（使用併列設計作為基礎）實驗研究

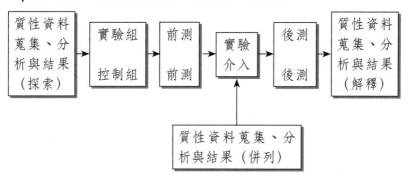

圖5.2　融合方法研究進階設計的程序圖

➡️ 社會正義設計（使用解釋型序列設計作為基礎）

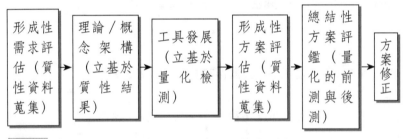

促進社會正義

➡️ 多階段評鑑設計（使用探索型序列設計作為基礎）

圖5.2　融合方法研究進階設計的程序圖（續）

　　以基本設計為例，我們還可以添加若干元素，用來提供額外的融合方法研究資訊。檢視圖 5.3，你可以看到，除了主要研究流程之外，圖中還補充顯示了若干**程序**，呈現在方框（亦即主要流程）的左側，包括若干實心小圓點的項目清單。另外還有**產物**，呈現在方框的右側，也包括若干實心小圓點的項目清單。在整個程序圖的最右側，則列出**時間軸**，用來標示各個主要流程的執行時期。圖的標題如果採用 APA 格式，可以寫成「XX 設計的 YY 融合方法研究」，例

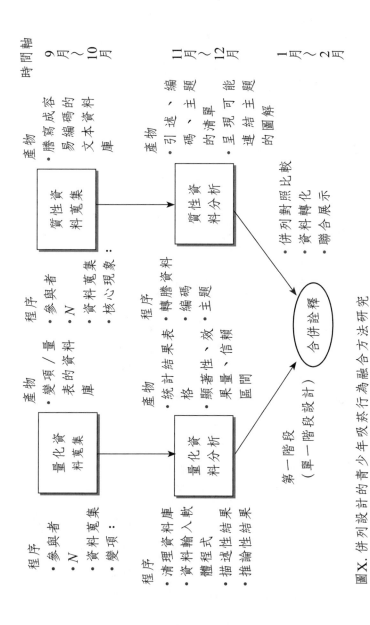

圖X. 併列設計的青少年吸菸行為融合方法研究

圖5.3 併列設計的融合方法研究程序圖範例

如：「圖 X. 併列設計的青少年抽菸行為融合方法研究」，
並且將此標題置放在該圖的下緣（譯者按：依照 APA 格式，
圖標題應置放在圖的下緣；相對地，表標題則放在表的上
緣）。再者，這屬於併列設計，因此圖中也補充標示，這是
「單一階段設計」。

　　再舉一例，圖 5.4 顯示的是解釋型序列設計。我們可以
看到，這是採用水平構圖，其中包括：時間軸、主要流程的
方框、實施程序和產物的實心小圓點分項清單，前後分成兩
階段，以及下緣的 APA 格式標題。

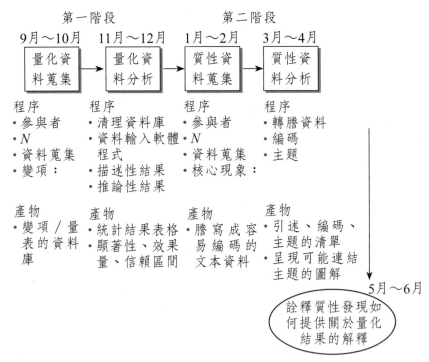

圖 Y. 解釋型序列設計的大型機構員工孤立感的融合方法研究

圖5.4　解釋型序列設計的融合方法研究範例

表5.2　融合方法研究圖的程序與產物資訊

	程序	產物
量化資料蒐集	• 參與者 • N • 資料蒐集 • 變項=	• 變項／量表的資料庫
量化資料分析	• 清理資料庫 • 將資料輸入軟體程式 • 描述性結果 • 推論性結果	• 統計結果表格 • 顯著性、效果量、信賴區間
質性資料蒐集	• 參與者 • N • 資料蒐集 • 核心現象	• 謄寫成容易編碼的文本資料
質性資料分析	• 轉謄資料 • 編碼 • 主題	• 引述、編碼、主題的清單 • 呈現可能連結主題的圖解

第 8 節　在繪圖當中加入程序和產物

　　從前述的融合方法研究程序圖，我們可以看到，主要流程的方框之外，以實心小圓點的項目清單，列出個別流程的實施程序和產物，用精簡扼要的文字來傳達研究設計的要素。這意味著，研究者需要考量哪些資訊是最重要的，以便決定如何列出項目清單。

　　圖 5.2 的範例說明了，方框的主要流程（亦即量化資料蒐集與分析，以及質性資料蒐集與分析）之外，可能補充提

供的資訊，包括：程序和產物。程序是指，在研究的每一個
階段所採取的步驟或方法；產物是指，各個階段所產生的特
定結果。聯邦、州政府與公家機構通常會特別重視，獎助研
究計畫產生的結果，因此以項目清單，具體明確列出產物，
對於申請研究獎助和結案報告都會有相當的助益。

第 9 節　繪製進階設計的研究程序圖

　　很多時候，在繪製進階設計圖之前，先看看該設計所立
基的基本設計，會滿有幫助的。比方說，在進階的介入設計
中，基本設計可能是解釋型序列設計，也就是先執行實驗介
入之後，再進行質性訪談，來幫助解釋實驗的發現。要繪製
這樣的進階研究設計圖，可能就需要兩組圖：第一組是先繪
製基本設計，如圖 5.5 所示。然後再補充資訊，繪製比較完
整的設計，如圖 5.6 所示。在這裡就可以看見，前後兩個階
段，以及時間軸、程序和產物等資訊。這個例子就是以解釋
型序列設計為基礎，進而嵌入實驗介入的進階設計。在階段
一量化方法分段的實驗之後，緊接著執行階段二質性方法分
段的追蹤訪談，用來幫助解釋實驗介入的結果。

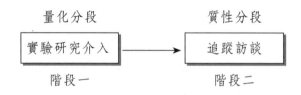

圖5.5　繪製進階設計所立基的基本設計（介入設計加上解釋型
　　　　序列的基本設計）

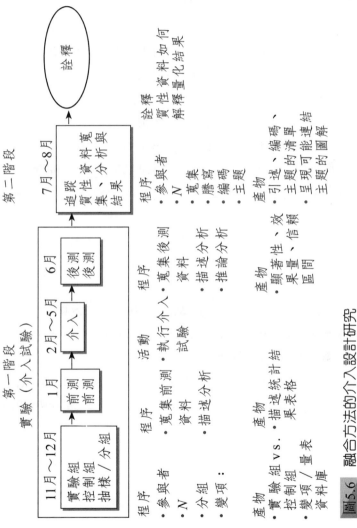

圖5.6　融合方法的介入設計研究

❖ 本章建議

在本章結束之際，我會建議，所有融合方法研究都必須納入程序圖。程序圖可以提供有用的綜覽資訊，幫助讀者瞭解研究設計所包含的複雜元素。再者，我在本章回顧介紹了，繪製融合方法研究程序圖的若干基本要素，以及注意事項。最重要的是，我建議，盡可能保持圖解簡單扼要，以便讀者容易瞭解掌握，並且儘量控制在單一頁面之內。在繪圖的時候，務必先從基本設計開始著手，然後再視需要加入進階設計的元素。再者，也可以在各種設計類型的必備要素之外，融入進一步的細節，以便提供較多的資訊，來吸引讀者的關注。

❖ 延伸閱讀

1. Ivankova, N. V., Creswell, J. W., & Stick, S. (2006). Using mixed methods sequential explanatory design: From theory to practice. *Field Methods*, *18*, 3-20.
2. Morse, J. M. (1991). Approaches to qualitative-quantitative methodological triangulation. *Nursing Research*, *40*, 120-123.

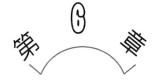

第 6 章

如何撰寫融合方法研究的介紹

❖本章主題

- 撰寫融合方法研究介紹的腳本
- 撰寫融合方法研究的研究目的宣言
- 撰寫融合方法研究的研究問題

第 1 節　良好介紹對於研究的重要性

　　對於任何研究而言，【介紹】（introduction）都是最重要的一個組成面向。如果在研究的最初幾個段落，作者沒能吸引住讀者，那麼很有可能在研究根本還沒真正展開之前，讀者就已經拂袖而去了。開場的段落要建立所想探討的研究問題或議題，必須讓讀者感受到，研究的問題或議題是有需要提出探討的，而且能夠預測問題研究有可能獲得具有重要性的解決。小說家深諳此道，在文章的一開始，他們就會邀請讀者進入某種兩難困境，然後提供足夠的線索，讓讀者感覺正在一步一步接近解決或至少瞭解個中問題。同樣地，作曲家創造不協調的和弦，然後透過悅耳的和弦來化解該等不協調。電視情境喜劇製作人也經常串聯兩或三道困境，然後希望在半個小時的節目內，能夠帶出令人滿意的劇情結局，可能是逐一分別化解，或是最後一舉全盤圓滿解決。總之，研究的這種模式——建立問題或議題，然後依序提出探討解決——並不是什麼絕無僅有的新鮮事，而是我們在日常生活許多領域早已相當熟悉的事物。

第 2 節　輔助撰寫融合方法研究介紹的腳本

　　有好多年了，介紹研究方法的書籍（例如：Creswell, 2014，書中有關「研究設計」的討論）都一再強調，在撰寫研究介紹時，最好能夠採用腳本（script）的方式，來草擬介紹研究的組成元素。這種腳本就稱為，撰寫研究介

紹的「社會科學不足」模式（"social science deficiency" model），此種模式在衛生科學領域的應用也相當普遍。研究的介紹是要用來激發讀者對於研究的興趣，具體而明確陳述有需要提出探討的問題或議題，傳達研究的特定目標，以及在許多例子中，將廣泛的研究目標縮小成為具體明確的研究問題。根據我長年的經驗所見，包括社會科學、行為科學與衛生科學等領域，嚴謹研究的【介紹】章節撰寫基本模式，通常會包含下列五個部分。

> 撰寫研究【介紹】章節的五個構成要素
> 1. 主題（topic）
> 2. 問題（problem）
> 3. 既存文獻（existing literature）
> 4. 文獻的不足（deficiencies in the literature）
> 5. 可能受惠的讀者群（audiences that will profit）

　　緊接著，在這五個部分之後，就是研究目的宣言（或研究目標），以及研究問題。以下，就讓我們來看看，如何撰寫研究【介紹】章節的這五個部分。

 主題（Topic）

　　開頭的幾個句子設定了研究的一般主題，譬如：憂鬱症的篩檢，或中學生的行為。你可以透過提供參考文獻、引用統計數據，讓讀者知道，這是值得探究的重要主題。第一個句子需要特別用心琢磨，這也就是研究學界同僚所謂的「敘

事釣鉤」（narrative hook）。開場一、兩個句子很重要，要
能夠如同釣鉤一樣，有效吸引住讀者，促使他們有興趣繼續
看下去。最後要注意的是，你設定的研究主題應該讓讀者感
覺有共鳴，而不是讓人感覺事不關己，或是陷入莫名其妙
的深奧難解，這也就是所謂的「慢慢引領讀者進入勝境」
（lowering the reader down into the well slowly）的寫作手法。

 問題（Problem）

　　在介紹完主題後，很重要的任務就是，要建立問題或議
題的清楚樣貌，讓讀者能夠明白研究確實有提出探討的必要
性。這很難寫，而且許多研究者往往寫的是「已經做過的事
項」，而不是真正建立有待探討的議題或問題。這個部分應
該是要寫，什麼問題有待解決或提出探討？比方說，在衛生
科學臨床領域，關於職務排班表，有哪些議題？在社區研究
領域，關於促使社區民眾投入參與社區事務活動等方面，有
哪些議題？很多時候，研究者僅只是指出，文獻當中缺乏某
種議題的研究。當然，未有研究針對某些問題提出探討，這
是有其重要性；不過，我們還得進一步追問，沒有研究該等
問題有什麼關係呢？再者，也可能有多重的問題導致有必要
加以探討研究；如果是這樣，那就應該將問題全部列出來。
此外，務必記得提供引述文獻，來支持你對於問題的宣稱。
這才能成為良好的學術研究。

 既存文獻（Existing Literature）

　　接著，就要整理呈現曾經提出探討該等問題的既存文

獻。在這裡，還不是要做文獻回顧（literature review）探討，而是要大致查看，曾經有哪些研究提出探討該問題。對於某些問題而言，可能沒有可參考的文獻。另外有些研究，雖然有許多相關文獻，但並沒有直接關聯到你所要探討的方向。務必確保，你有納入足夠多的參考書目，以便讀者能夠藉此判斷你檢視的文獻是否周延，引用的著作也應該盡可能接近你的融合方法研究。

四 融合方法文獻的不足（Mixed Methods Deficiencies in the Literature）

這個部分是要談論，文獻當中可能缺乏有助於探討該研究問題的相關元素。比方說，文獻不足的部分可能是關於參與者（例如：缺乏針對中南美裔人士的相關研究），或是變項間的關係沒有獲得充適的解釋（例如：對於影響人們接受癌症篩檢的因素，研究結果缺乏一致性）。在這個部分，融合方法可以扮演重要的角色。因為融合方法背後的基本概念就是：(1) 蒐集量化與質性兩方面的資料，(2) 將兩者加以整合，所以相當有助於彌補諸如前述的文獻缺口。就此而言，文獻不足倒也頗適合用來作為支持採用融合方法的理由。

比方說，文獻當中可能缺乏具有文化敏感度的量化工具，我們可能需要先做初探的質性研究，再根據結果來擬出測量和資料蒐集的量化研究程序（亦即探索型序列設計）。再比方說，文獻當中可能缺乏對於研究構念或變項的適合測量，我們可能需要加入質性訪談來問參與者，從而取得關於該等構念的「第二意見」（亦即併列設計）。或者，我們可

能需要執行研究來幫忙釐清，哪些方法可能最有效招募參與者接受實驗或介入試驗，以及針對質性焦點團體進行試驗（亦即介入設計）。

五 讀者群（Audience）

藉由檢視哪些人有可能從你的研究獲益，可以幫助你確認讀者群。理想情況下，如果你的網撒得夠大，那每一個讀者都可能從你的研究獲益。不過，在現實情況下，你或許會想把讀者群聚焦在某些特定的群體。比方說，決策者、領導者、其他研究人員、機構組織或學校的實務工作人員、或網路的讀者，可能從這研究受益。在撰寫這個部分時，你不妨可以確認若干類的讀者群，並且具體詳述，各個群體如何可能從你研究探討的問題而獲得哪些益處。

第 3 節　撰寫融合方法研究目的宣言

研究目的宣言（research purpose statement）可以說是，整個研究當中最重要的陳述句。研究者透過這個句子，設定整個研究的宗旨或核心目標。如果研究目的宣言寫得語焉不詳，讀者在閱讀研究過程當中可能會如墜五里霧中，摸不著頭緒。更麻煩的是，由於融合方法具有許多變動不定的組成元素，這對於撰寫研究目的宣言，就更具挑戰性了。研究者必須在研究很前面的地方，亦即研究目的宣言，就讓讀者與這些組成元素打照面。

> 研究目的宣言（research purpose statement）
>
> 建立研究的宗旨或目標，這是研究案當中最重要的陳述句。

 「最佳實務」研究目標

在 2011 年，美國國家衛生研究院（NIH），行為與社會科學研究局委任一個研究任務小組發展了衛生科學融合方法研究的「最佳實務」，提供申請國衛院研究獎助案提案人與審查人員的參考指南。這份報告（請參閱該官網公告）其中有一節，就是關於申請 NIH 研究獎助案研究目的宣言的寫作建議。其中似乎主張，融合方法研究目的應該包括：量化、質性和融合方法的目的，而且這些目的應該和所採用的融合方法設計相互契合。再者，可能也是最重要的，該任務小組成員希望能夠看到，研究目的組成元素的順序，應該先提到內容主題（亦即研究的主題），然後再列出研究方法（亦即使用來研究該等主題的程序）。換言之，在研究目的宣言當中，「內容」的位置應該優先於方法，亦即第一順位是內容，而「方法」則擺在第二順位。比方說，研究目的宣言的例子：

The acceptance of the treatment procedures for AIDS/HIV (content) will be explored through the use of one-on-one interviews (methods).

本研究旨在探索 AIDS／HIV 治療程序的接受情形，而使用的是一對一訪談。

在這個例子當中，「AIDS／HIV 治療程序的接受情形」，是研究的「主題內容」，寫在前面，代表這是研究目的宣言的第一順位；「一對一訪談」，是研究採用的「方法」，寫在後面，代表這是研究目的宣言的第二順位。

 範例腳本

這種想法——研究的主題內容應該給予優先強調的第一順位——已經進入融合方法腳本的發展，研究者可以使用腳本，來傳達研究目的宣言或研究目標。一般而言，融合方法研究目的宣言會力求周延，而且字數通常會比較多。良好的融合方法研究目的宣言腳本，應該具備下列四個要素：

1. 意圖（intent）：傳達研究的意圖或宗旨；換言之，你希望，研究最終達成什麼樣的成果？研究意圖應該以單一的精簡句子來描述。
2. 設計（design）：具體而明確指出，你會使用哪種融合方法的設計（例如：介入設計）。簡要定義此等研究設計，然後簡述你會蒐集哪種類型的質性與量化資料，以及你會如何整合或結合該等質性與量化的資料。
3. 資料（data）：接著描述資料蒐集的程序，包括：要檢驗的理論、研究的對象、要分析的變項、要檢視的核心現象等。比方說，對於併列設計，你或許可以如此寫道：

In this study, [quantitative data] will be used to test the theory of [the theory] that predicts that [independent variables] will [positively, negatively] influence the [dependent variables] for [participants] at [the site]. The [type of qualitative data] will explore [the central phenomenon] for [participants] at [the site].

在本研究，[量化資料] 會用來檢驗 [XX 理論] 如何可能預測 [自變項] 會對 [參與者] 在某 [地點] 的 [依變項] 產生 [正向或負向] 的影響。[質性資料的類型] 會用來探索 [參與者] 在 [地點] 的 [核心現象]。

4. 合理根據（rationale）：在研究目的宣言結尾處，寫出支持你採用融合方法來蒐集量化和質性資料的合理根據。你是為了要納入質性資料來幫助解釋量化結果嗎（亦即解釋型序列設計）？你是希望能對問題有比較完整的瞭解嗎（亦即併列設計）？你是為了要建構比較好的測量工具嗎（亦即探索型序列設計）？

在此，我們提供一個解釋型設計的研究介紹撰寫腳本。研究者在運用這個腳本時，基本上，就是將適切的資訊填寫進方括弧即可：

This study will address [content aim]. An explanatory sequential mixed methods design will be used, and it will involve collecting quantitative data first and then explaining the quantitative results with in-depth qualitative data. In the first, quantitative phase of the study, [quantitative instrument] data will be collected from [participants] at [research site] to test [name of theory] to assess whether [independent variables] relate to [dependent variables]. The second, qualitative phase will be conducted as a follow-up to the quantitative results to help explain the quantitative results. In this exploratory follow-up, the tentative plan is to explore [the central phenomenon] with [participants] at [research site].

本研究旨在探討 [研究的內容目標]。本融合方法研究將採用解釋型序列設計，先蒐集量化資料，接著再蒐集質性深度資料，用來解釋先前量化階段的研究發現。首先，在量化階段，將會運用 [量化工具]針對在 [研究地點] 的 [研究參與者] 蒐集量化資料，用來檢驗 [XX 理論]，以資評估 [自變項] 是否和 [依變項] 有所關聯。其次，在質性階段，將會執行追蹤研究，探索 [參與者] 在 [研究地點] 的 [核心現象]，從而幫助解釋量化結果。

第 4 節　撰寫融合方法的研究問題

由於融合方法既不是全然的量化研究，也不是全然的質性研究，而是介於兩者之間的一種研究形式，這樣的研究問題應該如何撰寫呢？

　　首先，我們必須承認，在期刊發表的融合方法研究論文的【介紹】當中，研究目的和研究問題這兩項並不一定都會呈現，大多數只有呈現研究目的，而省略沒有寫出研究問題。至於在碩、博士論文，因為需要展現駕馭研究的精熟能力，通常都可發現同時呈現研究目的和研究問題。申請研究獎助的計畫書，通常也會包括研究目的和研究問題。

　　研究問題或假說的角色，是要將研究目的宣言縮小成為研究要提出探討的具體明確問題。在融合方法的研究中，一種有助益的寫法就是分別列出三類的問題：

1. 量化假說或問題
2. 質性問題
3. 融合方法研究問題

◆一 量化研究的假說或問題

　　假說（hypotheses）是指，以文獻或理論為基礎而做出關於研究結果的預測。假說可以採用若干不同的形式，包括：虛無假說（null hypotheses，例如：「在動機與成就之間，沒有存在顯著性的關係」）；有方向性的假說（directional hypotheses，例如：「較高的動機有可能會導致較高的成就」）。假說，融合方法的實驗研究部分。另外還有一種建立假說的方式，就是陳述研究問題（例如：「較高的動機是否與較高的成就有相關？」）目前，許多融合方法研究傾向使用研究問題，而不使用研究假說。

　　在撰寫量化研究的假說或研究問題時，有若干基本準則：

1. 首先，你必須確認研究的變項（variables），最典型的就是，主要的自變項是否或如何可能影響依變項（或結果）。變項就是你的量化方法所要測量的。在量化研究中，典型的作法就是依照自變項將受試者分組，然後加以對照比較各組在依變項方面的結果；或是檢驗變項之間的關係（例如：「哪些因素可能導致低自尊？」）

2. 最嚴謹的量化研究，在擬定研究假設或研究問題時，乃是立基於某種理論，以用來解釋或預測自變項與依變項之關係。

3. 研究者必須選擇是要呈現研究假說與／或研究問題；一般而言，在單一融合方法研究中，通常不會同時使用假說與問題。

4. 必須清楚說明各種類型的變項與其特定用途。在研究的各種變項當中，最重要的就是自變項和依變項——個中可能呈現因與果的關係。此外，還有其他類型的變項，譬如中介變項（mediating variable，是指位於自變項和依變項之間，居中影響兩者關係的變項）；調節變項（moderating variable，是指與自變項結合而對依變項或結果產生影響的變項，例如：延續前述「動機可能影響成就」的假說，「年齡 × 動機可能影響成就」，年齡就是調節變項）；共變項（covariate，是指研究當中設法控制的可能影響結

果的變項,譬如:社會經濟地位、教育程度、性別等)。

5. 為了幫助讀者掌握研究假設或問題,有一種頗有助益的作法就是,在所有的研究假設或問題陳述當中,都一致採用「自變項在前,依變項在後」的措辭順序。以下,兩個都是採用這種陳述順序的例子:

例子一

Does home resident location influence choice of a medical clinic?

住家的所在地點是否會影響個人選擇就醫的診所?

例子二

Does input from family members influence the choice of a medical clinic?

家人的意見是否會影響個人選擇就醫的診所?

 質性研究的問題

在融合方法研究中,也需要寫出好的質性研究問題。在質性研究,研究者使用研究問題,而不是研究假說。質性研究問題涉及一個核心問題,以及尾隨其後的若干次級問題(sub-questions)。核心問題是針對所要探討的現象,所提出的最概括的問題。典型而言,質性研究問題通常是帶有「什麼」或「如何」字眼的問題(相對地,典型的量化研究

問題則是帶有「爲什麼」字眼的問題）。再者，質性研究問題也聚焦於，研究者希望探索的核心現象或理念，例如：

What does it mean to wait for a kidney transplant?
對於當事人而言，等待肝臟移植的意義是什麼？

在擬定質性研究問題的措辭時，研究者也會使用行動導向、探索意涵的動詞，譬如：發現、瞭解、描述，或報導。在資料蒐集階段，當研究者明白田野研究蒐集資料的最適切方式時，研究問題也常常會隨之改變。再者，使用特定類型的質性研究設計，也可能會影響研究問題的措辭。比方說：
在扎根理論的研究，研究問題可能是：

What theory explains why people feel isolated in large organizations?
什麼理論可能解釋，爲什麼人們在大型組織當中感到孤單？

相對地，在敘事研究，研究問題可能是：

What stories of survival do tsunami victims have?
大海嘯的災民有什麼樣的歷劫倖存故事？

融合方法的問題

　　接下來，我們就要來看，什麼是融合方法的研究問題。對於大部分的研究者，融合方法問題都是一種相當新的概念，而且也不見於目前一般的研究方法教科書。我和同僚特別發展了融合方法的研究問題，因為這是在融合方法研究當中，超越了量化研究問題和質性研究問題的一種特殊形式的問題。具體而言，個中「超越的部分」（"something beyond"）就在於融合方法設計的意圖。採用整合量化與質性研究結果的研究設計，是為了要尋求哪些額外的資訊？知道了你的融合方法研究設計之後，將使你得以思考，採用某種特定融合方法設計的意圖，是為了要提出與解答什麼樣的問題。下列的例子代表，典型融合方法的問題，每一個例子都連結到特定的融合方法設計。

　　融合方法基本設計的研究問題：

・併列設計

To what extent do the qualitative results confirm the quantitative results?

質性研究結果與量化研究結果之間，相互證實的程度有多高？

・解釋型序列設計

How do the qualitative data explain the quantitative results?

質性資料如何解釋量化研究結果？

· 探索型序列設計

To what extent do the qualitative findings generalize to a specified population?

質性研究發現概化推論到特定母群的程度可能有多高？

融合方法進階設計的研究問題：

· 介入設計

How do the qualitative findings enhance the interpretation of the experimental outcomes?

質性研究發現如何增益對於實驗結果的詮釋？

· 社會正義設計

How do the qualitative findings enhance understanding of the quantitative results and lead to identification of inequalities?

質性研究發現如何增益量化研究結果的理解，並且促成確認社會的不公平正義？

· 多階段評鑑設計

A combination of the previous questions for the different phases in the project to address the overall research goal.

總結研究不同階段的多項問題，來綜合回應整體的研究目標。

　　當你瀏覽這些融合方法的研究問題，你將會看到，其中的陳述方式乃是著眼於研究方法，並且是焦點在包括：量化與質性的資料結果分析。換言之，這些融合方法研究問題是

採取「方法」導向的撰寫方式。另外還有一種選擇寫法，就是採取「內容」聚焦的觀點，例如：

How do the views of adolescent boys support their perspectives on self-esteem during their middle school years?

在中學階段，青少年男生對於自尊的看法（views），如何支持他們對於自尊高低的觀點（perspectives）？

在這個例子當中，「看法」（views）標示出，研究的質性方法部分的內容；而「觀點」（perspectives）則標示出，量化方法部分的內容。

最後，我們或許可以這麼講，在各種融合方法的研究問題當中，最理想的形式可能就是，合併呈現研究探討的內容主題與使用的方法。這叫作「混種的」（hybrid）融合方法研究問題；同樣地，這也需要反映所採用的融合方法設計類型。舉例如後：

What results emerge from comparing the exploratory qualitative data about the self-esteem of boys with outcome quantitative instrument data measured on a self-esteem instrument?

以質性訪談方式探索青少年男生自尊的看法，並且對他們施以自尊測量取得量化資料，兩方面的資料併列比較，什麼結果可能從而浮現呢？

在這個例子當中，我們可以很容易就決定，蒐集資料的

方法類型（質性訪談，以及量化工具測量）。在此同時，也可以很清楚看出，研究內容的焦點（亦即測量和訪談的焦點所在：自尊）。

❖ **本章建議**

　　本章建議，透過一種理想的模式，亦即所謂的腳本，來撰寫融合方法研究的【介紹】。這種模式以大綱的方式，將介紹分成若干組成元素，其中包括：確立所要提出探討的研究問題，以及支持有必要提出探討該等問題的理由根據。最重要的是，除了指出文獻缺乏相關研究，也應該從研究方法論的角度，指出缺乏的是哪些特定面向。思考你是基於什麼理由，支持你有必要去蒐集量化與質性兩方面的資料，以及融合方法如何可能彌補過去研究文獻的缺口？

　　腳本應該也能幫助你擬定融合方法的研究目的宣言。這腳本強調四個元素，包括：(1) 研究的意圖；(2) 採用的融合方法設計類型；(3) 資料蒐集的形式；(4) 支持結合兩方面資料集的理由根據。

　　在撰寫優質的融合方法研究【介紹】時，應該要納入三大類的研究問題，分別是：(1) 量化研究問題或假設；(2) 質性研究問題；(3) 融合方法研究問題。至於研究問題類型的順序安排，應該遵循所採取的特定融合方法設計（例如：在採取探索型序列設計的研究，首先應該提出的是質性研究問題）。

　　再者，融合方法的研究問題應該標示出，研究者希望從採用的融合方法設計獲得什麼結果。在撰寫融合方法的研

究問題時，可以採用方法導向的寫法、內容或主題聚焦的寫法，或是結合方法與內容的寫法。

❖ 延伸閱讀

1. Creswell, J. W., & Plano Clark, V. L. (2011). *Designing and conducting mixed methods research* (2nd ed.). Thousand Oaks, CA: SAGE.
2. Maxwell, J. A. (2013). *Qualitative research design: An interactive approach* (3rd ed.). Thousand Oaks, CA: SAGE.

【關於構思與撰寫研究問題的進一步資訊】
3. Plano Clark, V. L., & Badiee, M. (2010). Research questions in mixed methods research. In A. Tashakkori & C. Teddlie (Eds.), *SAGE handbook of mixed methods in social and behavioral research* (2nd ed., pp. 275-304). Thousand Oaks, CA: SAGE.

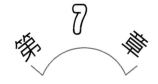

第 7 章

抽樣與整合的議題

❖本章主題

- 融合方法研究的量化與質性抽樣
- 不同類型融合方法研究設計的抽樣議題
- 融合方法研究的整合類型
- 透過聯合展示呈現整合

第 1 節　抽樣與整合的議題

在第 4 章，我介紹了，執行融合方法研究的基本設計與進階設計時，需要預測可能會面臨的若干挑戰。在那裡，我將個中挑戰分為「方法論的議題」或「效度的議題」。在這當中，有時候，融合方法的挑戰可能關係到，如何把一種資料集連結到另一種資料集，如何將某種理論透鏡或架構融入研究當中，或是如何發展具有良好心理計量特質的測量工具。不過，進一步檢視這些挑戰，我們還可能發現，融合方法研究者面臨的主要議題，或許也關係到「抽樣的議題」和「整合的議題」。

融合方法研究的抽樣（sampling in mixed methods research）是指，抽選量化和質性研究參與者（與地點）的程序，以及每一種融合方法設計類型所採用的抽樣策略。在融合方法的論述，也有很多討論到關於樣本大小和參與者本質方面的議題。另一方面，整合（integration）是指，研究者如何在融合方法研究當中結合量化與質性研究結果，整合的方式必須配合採用的特定設計類型。在融合方法研究文獻當中，抽樣和整合這兩方面的議題，都有相當熱絡的論述和爭辯。比方說，包括 Bryman（2006）等多位論述者就指稱，大部分聲稱融合方法的研究，並沒有說明量化與質性兩方面資料集的整合。相對地，研究者傾向把量化與質性資料集分開來處理。有鑑於此，我認為，融合方法研究的抽樣與整合議題，值得提出來討論說明。

整合（integration）

在融合方法研究當中，整合是指，研究者如何將量化與質性結果予以結合。整合的方式必須配合所採用的融合方法設計類型。

第 2 節　抽樣

　　要設計和執行良好的融合方法研究，有若干抽樣的議題必須斟酌考量。首先，抽選量化與質性研究樣本，都需要遵循嚴謹的程序。這意味著，必須注意考量樣本的大小，確認應該納入樣本的人選，以及考量應該透過量化工具或是開放式的取徑（譬如：訪談），來問參與者什麼樣的問題。接下來，隨著融合方法設計逐漸發展成形，抽樣程序也必須嚴謹、合乎邏輯，並且適合所採用的特定設計類型。

抽樣議題
• 如何在融合方法的質性與量化研究部分，使用嚴謹的抽樣程序
• 樣本的大小
• 適合特定融合方法設計類型的抽樣程序

量化方法的抽樣

　　研究參與者的招募需要小心處理，以確保合適的人選進入研究。然後，還需要徵求參與者的同意，機構審查委員會（institutional review board，簡稱 IRB）的審核許可，可能也需要獲得研究地點關鍵人士（例如：醫院的行政管理人員、學校的校長）的許可。另外，也需要審慎選擇適合的抽樣策略。如同先前在**第 3 章**所述，有一種良好的抽樣策略就是**隨機抽樣**（random sampling）；不過，這種抽樣方式不見得總是能夠派上用場，尤其是可能受限於方便取得或是自願參與等因素。基本上，抽樣可分為兩大類：

1. 機率抽樣（sampling）：例如：**簡單隨機抽樣**（random sampling）、分層抽樣（stratified sampling）、多階段叢集抽樣（multistage cluster sampling）。
2. 非機率抽樣（non-probability sampling）：例如：方便性抽樣（convenience sampling）、滾雪球抽樣（snowball sampling，這是由抽選到的參與者再推薦其他可能適合參與研究的人選）（Creswell, 2012）。

　　樣本大小（sample size）是另外一個需要考量的事項，很重要的是要盡可能選擇較大的樣本，因為較大的樣本出現誤差的空間比較小；也就是說，這樣的樣本比較能夠反映母群的特徵。幸運的是，在調查研究與實驗研究，有許多輔助資源，可以幫助你選擇合適的樣本大小。在調查研究中，我會建議你，運用抽樣誤差公式，這在《調查研究方法》

（*Survey Research Methods*）（Fowler, 2008）之類的研究方法書籍，應該都可以查得到使用方式。這書中有若干表格，會告訴讀者該如何運用公式，以及抽樣誤差、信賴區間等資訊，來計算決定樣本的大小。要估算實驗研究的樣本大小，公式會考量統計顯著性水準（α）、研究希望的檢定力（例如：0.80、0.90、0.95），以及效果量（effect size，代表你願意接受的實質差異程度）。運用公式計算之後，就可以決定適宜實驗各分組的樣本大小。對於實驗研究的抽樣，我會建議你，參考介紹檢定力分析的書籍，譬如：《設計的敏感度》（*Design Sensitivity*）（Lipsey, 1990）。

量化抽樣（quantitative sampling）
量化抽樣可以運用公式，來計算決定適宜的樣本大小，例如：在實驗研究，可以執行檢定力分析（power analysis）。

質性方法的抽樣

量化抽樣的目標，是要能夠從小樣本概化類推到母群；相對地，質性研究的目標則與此有極大的差異。質性研究的抽樣是基於特定目標，選取某種特定的參與者，以便幫助你對於所欲研究的核心現象取得最佳可能的理解。不過，這絕對不是「隨便怎樣做都可行」（"anything goes"）的抽樣。

目前，有許多種的立意抽樣策略可供考量使用，譬如：

- 最大變異抽樣（maximal variation sampling），盡可能抽選彼此互不相同的個人，以便反映多樣化的觀點，這乃是良好質性研究的一種主要目標；
- 關鍵個案抽樣（critical sampling），使用特定的個案或判準來抽選參與者，以便深入瞭解他們對於研究所欲探討之核心現象的經驗感受；
- 其他類型的立意抽樣策略：在研究開始之前，或是研究展開之後，可能取得的樣本，例如：滾雪球抽樣、驗證性或否證性抽樣（confirming/disconfirming sampling）（請參閱 Creswell, 2012）。

和量化研究參與者的抽樣一樣，質性研究也需要招募參與者，以及獲得相關人等或單位的許可（例如：IRB 的核准、研究場所主管單位的許可、個別研究參與者的同意）。

有許多年的時間，質性研究的樣本大小一直是各方爭論的主題。傳統上，對於質性研究樣本的處理態度，比較不傾向講求明確訂定樣本的大小，而比較著重於研究如何達到飽和（saturation）。飽和可以定義為，研究者從若干參與者蒐集資料，從後續新的參與者蒐集到的資料，不再能發展出具有顯著差別意涵的新編碼或主題，如此就可算達到飽和。達到飽和之後，研究者就停止不再找尋新樣本來蒐集資料。

另外一個決定樣本大小的方法，這也是我支持、推薦的方法，就是去檢視正式發表的融合方法研究（例如：敘事研究、現象學研究、扎根理論、俗民誌、質性個案研究），參看各種特定類型的研究採用的樣本大小。再者，還有一種參考來源就是查看介紹討論研究方法的書籍，其中可能也有論

及各種研究類型適合採用的樣本大小。原則上，我建議：

- 敘事研究可以使用一或二個研究對象；
- 現象學研究，三至十個參與者；
- 扎根理論研究，二十至三十個參與者；
- 俗民誌，單一文化團體；
- 個案研究，三至十個單位的個案（Creswell, 2013）。

最後，你當然可以引述已發表的質性研究論文，用來支持特定類型研究的樣本大小範圍。

質性抽樣（qualitative sampling）

在質性抽樣，根據研究目的而抽選參與者，以便對於所欲研究的核心現象取得最佳可能的理解。

◆ 融合方法的抽樣

在考量融合方法的抽樣時，一種有幫助的切入方式就是，考量如何針對每一種主要的融合方法設計類型，來擬定合適的抽樣策略。

1. 併列設計

在融合方法研究，抽樣的問題會關係到，需要蒐集量化與質性兩方面的資料。如圖 7.1 所示，在併列設計的融合方法研究中，量化分段的樣本，可能採用隨機或非隨機的抽樣

程序；至於質性分段的樣本，則可能採用立意抽樣。在考量
選擇量化與質性分段的樣本時，可能會面臨兩個問題：

・量化與質性的樣本是否應該來自相同的母群？
・兩個樣本是否應該同等大小？

　　第一個問題的答案是肯定的，理想上，量化與質性分段
的參與者，應該都來自相同的母群。在某些例子當中，融合
方法研究者在分析量化與質性資料時，可能會對於一個樣本
使用不同的分析單位（例如：量化資料分析的是樣本當中的
醫院行政管理人員，質性資料分析的是樣本當中的衛生保健
提供者）。當併列設計的意圖是要對照兩組資料集，來擴充
比較不同的觀點，使用不同的分析單位應該比較能夠有效達
成如此的目標。但是，如果併列設計的意圖是要對照兩組資
料集，來相互佐證，那我就會建議使用相同的單位。
　　至於第二個問題的答案，就比較沒有那麼清楚明瞭。在
質性研究部分，針對小樣本的研究參與者進行研究，從而建
立個別觀點；在量化研究部分，針對大樣本蒐集資料，以便
將結果概化類推到母群。對於質性與量化分段的研究，我們
需要考量樣本大小的各種選擇作法。從文獻，可以發現若干
種選擇作法，在此擇要介紹三種如下：

・量化與質性兩個分段都選擇使用相同的樣本大小。當
　然，選擇這種作法就需要較大的質性樣本，而這也就
　需要投入較多的時間和資源。
・將質性資料經過加權處理，使其個案的資料比重相當

於量化研究的個案資料比重。基本上，這種技術採取量化觀點來看待資料，研究者必須確認，質性個案的資料如何可能經過加權處理，而使其相當於量化個案的資料比重。

・接受量化和質性分段的樣本大小差異。質性研究者或許有很好的理由來論稱，質性分段沒必要一定得跟量化分段一樣有相同的樣本大小，因為這兩方面的資料集是分別用來述說不同的故事（換言之，量化分段是要陳述普遍的整體趨勢；相對地，質性分段則是要呈現詳細的個人觀點）。

就我個人經驗所見，融合方法文獻當中，採取併列設計的研究者，對於這三種選擇作法都各有偏好，所以我也就把選擇權保留給你，由你自行去決定想要使用哪一種方式。

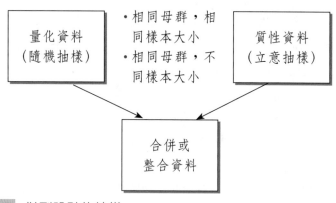

圖7.1　併列設計的抽樣

2. 解釋型序列設計

量化分段是採用隨機抽樣，質性分段則是採用立意抽樣。如**圖** 7.2 所示，可能面臨的兩個議題就是：

- 第二階段質性分段的樣本，是否要從第一階段量化分段的樣本當中抽選？
- 兩個樣本是否應該同等大小？

很清楚地，如果這個設計的意圖是要，藉由質性資料來解釋量化結果，那麼質性樣本就必須抽選自量化分段的樣本。因此，質性樣本即是量化樣本的一個子集合；也就是說，質性分段蒐集的資訊是取自比量化樣本較少的參與者，兩者的樣本大小當然就是不相等的。

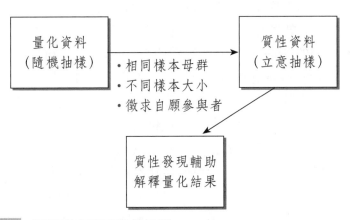

圖7.2　解釋型序列設計的抽樣

考量確認質性追蹤研究樣本時，有一種普遍採用的技術

就是，在使用工具蒐集量化資料期間，徵詢是否有人自願要參與質性追蹤研究。再者，在解釋型序列設計，量化分段的結果可以告訴我們，質性追蹤研究應該要提出哪些問題，來訪談質性分段的參與者，以茲幫助解釋量化發現的結果。因此，選擇質性樣本的參與者應該要把握一個原則：選取的人應該要能夠回答質性追蹤研究提出的問題。

3. 探索型序列設計

這種設計所採用的抽樣取徑，對照於前述的解釋型序列設計，或許可說是反向而行。

如圖 7.3 所示，量化追蹤研究的樣本可能不同於先前質性探索階段的樣本。質性分段的資料蒐集必須採用立意抽樣，而量化分段則應該儘量採用隨機抽樣。不過，因為第一階段是要初步探索研究的現象，因此抽樣的考量應該要選擇有助於達成如此目的之樣本；換言之，就是立意的抽樣。然後，中間的階段，運用探索階段發現的質性資料來幫助發展、設計某些量化的研究元素，譬如：新的或修正過的工具、新的測量，或新的介入程序。最後階段，再選出較大的樣本，用來測試該等新發展的量化研究元素。

如果在最終階段的工具測試，其意圖是想要決定，第一階段發現的質性主題是否可能概化推論到較大的樣本，那麼這兩階段的資料蒐集就必須來自相同的樣本，或至少是來自相同的母群。但是，如果這設計的意圖是想要，發展新的工具或修定既有工具、研究變項、介入程序，那麼這兩階段的樣本要求就可以比較寬鬆些，不一定得來自相同的樣本或母群。所以，這兩階段的研究參與者不只可以容許有不相等的

樣本大小,而且也可以抽選自不同的母群。

　　總之,理想上,在探索型序列的設計,第一階段和最後階段的樣本最好能夠來自相同的母群,但這並不是絕對必需的,而且樣本大小也可以是不相同的。

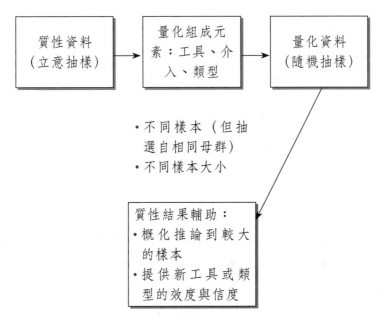

圖7.3　探索型序列設計的抽樣

4. 進階設計

　　原則上,對於融合方法的各種進階設計,會遵循基本設計的抽樣作法,因為進階設計乃是以基本設計作為基礎。不過,為求幫助理解起見,我們在此舉其中的介入設計作為範例,來說明進階設計可能涉及的抽樣議題。

　　如圖 7.4 所示，我們還是會看到，在質性分段採用立意抽樣，在研究的量化分段或實驗介入部分，則是從質性元素當中隨機抽樣。在這當中，需要特別付出心思去斟酌考量的就是質性抽樣部分。

- 如果質性資料是在實驗之前蒐集（屬於探索型序列＋介入設計），那麼這種研究宗旨必須陳述清楚；也就是說，所提供的質性資料應該要能夠對實驗發揮最大的助益。比方說，如果在實驗之前蒐集質性資料，用意是要幫助招募到最合適的人選來參與實驗，那麼在質性抽樣時就必須有意識地聚焦於該等目的，而且應該注意問題的遣辭用字是否有助於讓你找到合適的實驗參與者。

- 如果質性資料是在實驗期間蒐集（屬於併列設計＋介入設計），那就需要注意，質性樣本的參與者是否在控制組、實驗組，或是兩組都有。典型而言，在介入設計類型的融合方法研究，研究者通常只從實驗組蒐集質性資料，這可能是因為資源限制，也可能是因為他們想要瞭解，質性參與者對於實驗介入有如何的體驗感受。

- 如果質性資料是在實驗之後蒐集（屬於解釋型序列＋介入設計），用來追蹤探究先前實驗發現的結果，那麼同樣地，在正常情況下，質性樣本就會從實驗組當中抽選，因為這是接受介入處置的組別。

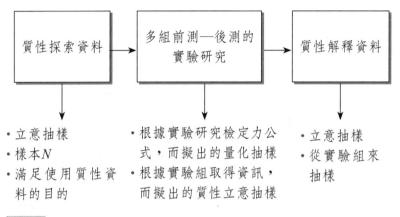

圖7.4　介入設計的抽樣

融合方法抽樣（mixed methods sampling）
抽樣程序應該遵循特定的融合方法設計類型，研究者必須清楚與各項特定設計類型有關的議題。

第 3 節　整合

　　在融合方法研究中，抽樣的執行方式與所採取的特定設計類型有關。同樣地，整合的執行方式也是如此。在融合方法的研究過程，整合是指量化與質性資料交織（intersect），亦即彼此相互對撞（bump up against each other）。Morse 與 Niehaus（2009）稱此為介面點（point of interface），在他們所繪製的融合方法圖形中，包含箭號指向此等介面點，以此清楚標示出整合的所在位置。

在融合方法研究中，整合（integrating）或許也可視為融合（mixing）的另一種說法。如果你去查閱字典，你會發現「融合」（mixing）的定義是指，「一種東西溶解成為另一種東西」（one thing actually dissolves into the other），或是「一種東西與另一種東西相互連結」（one thing connects to another）。比方說，在製作蛋糕麵糊時，麵粉溶解於水中成為麵糊的融合物，當我們將葡萄乾加入其中，葡萄乾仍然保持不變，但是我們還是可以說葡萄乾「融入」麵糊當中。同樣的道理也適用於融合方法：量化資料與質性資料的整合，可能是其中一種型態的資料溶解，轉化成為另一種型態的資料；再者，兩者的屬性也可能維持不變，而仍然可以達到某種相互整合的狀態。

 ## 整合的類型

在融合方法研究當中，整合可能發生在若干地方（亦即箭號可能放置在許多可能的位置）（請參閱 Fetters, Curry, & Creswell, 2013）。以下，摘列整合可能發生的地方：

1. 資料蒐集階段：研究者可能運用問卷調查方式來蒐集資料，而其中包含了封閉式答案（量化資料）與開放式答案（質性資料）。
2. 資料分析階段：研究者可能蒐集與分析量化資料，另外再蒐集與報告質性結果，用來幫助解釋量化發現。
3. 實驗階段：研究者可能在實驗完成之後蒐集質性追

蹤研究的資料，然後先報告實驗結果，而後再報告
質性追蹤研究的結果。

4. 研究報告的【討論】章節：研究者可能將質性結果
與量化結果對照比較。

5. 表格或圖形：研究者可能將量化結果與質性結果，
安排在表格或圖形的並排或對照位置。

融合方法研究當中，可能整合的地方：

• 資料蒐集階段
• 資料分析階段
• 實驗報告的【結果】章節

量化與質性資料的整合方式，可能有以下四類：

• 合併（merging）
量化與質性資料的分析結果被放置在一起（brought together，亦即合併），用來相互對照比較。這種合併式的資料整合類型，可能發現於併列設計。

• 解釋（explaining）
質性資料用來解釋量化資料的結果。這種解釋式的資料整合類型，可能發現於解釋型序列設計。

• 建立（building）
質性資料被用來建立研究的量化分段所需的某些元素，譬如：設計新的工具、發掘新的研究變項、或發展新的介入內容。這種建立式的資料整合類型，可能發現於探

索型序列設計。

· 嵌入（embedding）

質性資料被用來擴充或支持量化資料，譬如：將質性資料加入實驗介入當中。這種嵌入或巢化式（*nesting*）的資料整合類型，可能發現於介入設計。

　　上述這些融合方法研究的整合類型，可以透過圖形的方式，來輔助捕捉個中關鍵要點，請參閱圖 7.5。

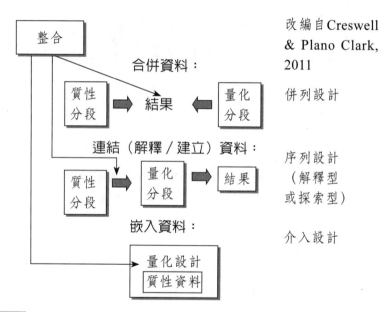

改編自 Creswell & Plano Clark, 2011

併列設計

序列設計（解釋型或探索型）

介入設計

圖7.5 融合方法研究的整合類型

融合方法研究如何呈現整合

融合方法研究者有若干方式，可用來整合研究。比方說，可以在資料蒐集、資料分析、討論或結論的地方，來呈現研究的整合。廣義而言，整合可以是由研究團隊的不同成員，帶進融合方法研究之中；或者，也可能是採用多元的哲學觀點，來引導融合方法研究的整合。

有一種頗受歡迎採用的整合方式，就是在討論研究結果的地方，以平行對照的方式，來呈現量化與質性的結果。比方說，研究者先討論量化結果，然後討論質性結果，並且對照比較兩方面的結果。另外，也可以選擇將呈現的順序對調，先討論質性結果，然後再討論量化結果。這種整合的模式在併列設計的融合方法研究當中相當普遍。

另一種整合的取徑就是建立圖形或表格，來整合闡述量化與質性資料集的結果。這種使用圖形或表格的整合呈現方式，就叫作**聯合展示**（joint display）。聯合展示可以將融合方法研究的結果，整合呈現在一個表格或圖形當中。有若干方式可供選擇使用：

- **併列聯合展示**（side-by-side joint display）：在表格中，將質性主題與量化統計結果併列呈現。再者，表格的最後一欄，還會討論質性主題與量化統計的相異與相似處。這種展示常見於併列設計。從這種表格，讀者能夠瞭解，量化與質性結果如何匯合（converge）或分歧（diverge）。
- **主題與統計對照的聯合展示**（theme-by-statistics joint

display）：在表格中，質性主題呈現於水平軸，量化統計呈現於垂直軸。在每個方格內，可能列出引述語句、頻率次數、或是兩者併陳。這種展示是併列設計常用的方式。統計結果可能依照類別來呈現（例如：照護提供者的類型，可能包括：醫務助理、醫生、護理人員），或是根據連續性的量尺來呈現（例如：同意的程度，可能從「強烈同意」到「強烈不同意」）。從這種表格，透過檢視各方格內的資訊，讀者能夠評估，各種質性的主題如何可能在量化數據方面有所差異。

- 追蹤結果聯合展示（follow-up joint display）：這種展示可適用於解釋型序列設計。如圖 7.1 所示，在這種展示中，第一欄呈現量化資料，第二欄呈現質性的追蹤結果，第三欄提供資訊說明，質性追蹤發現如何幫助解釋量化結果。從這種表格，讀者能夠決定質性資料如何幫助解釋量化結果。

- 建立量化工具或測量的展示（building into a quantitative instrument or measure display）：這種展示可以幫助說明，質性探索階段和量化工具或測量階段的整合。在探索型序列設計，其中一種挑戰就是要使用質性結果來建立新的工具或測量。在這種聯合展示，研究者可以在第一欄，呈現質性探索發現；在第二欄，呈現如何以該等質性發現為基礎，而發展出測量與變項；在最後一欄，說明如何運用該等測量與變項，形成新的量表或工具。透過這樣的呈現方式，讀者可以看出來，質性探索階段的結果如何用來建立量化階段的研

究元素。這種表格可以稍微改變，在第一欄，呈現引
述語句、編碼、主題的類別；在第二欄，呈現量化
工具的元素例子，譬如：題項（從引述語句轉化而
得）、變項（從編碼轉化而得）、量表（從主題轉化
而得）。

表7.1　解釋型序列設計聯合展示的整合

量化 結果	質性追蹤訪談 解釋量化結果	質性發現如何幫助 解釋量化結果
老師經驗越多，並且使用方案教材越多，則學生的分數就越高。	主題： 老師經驗越多，比較有意願使用該等教材。 老師經驗越多，比較有能力將該等教材融入自己的教法。 老師經驗越多，比較有意願去遵循學校推行的教法。	動機和意願，提供可能的解釋原因。 解釋當中凸顯了，老師融入方案教材的作法。

以上摘列的幾個例子，都是在已發表的融合方法研究
中，運用聯合展示的方式，來整合量化與質性的結果。另
外，還有些運用聯合展示的例子，包括：以圖形呈現資料整
合的資訊（例如：地理資訊系統圖，展示各地理區域在若干
量化變項的差異，以及和各地理區域連結的質性引述字句或
主題）；依照參與者或個案來組織聯合展示；以圖表顯示質
性資料如何轉化成量化數據。

❖ 本章建議

在本章，你已經學到，融合方法研究當中有關抽樣與整合的議題。

當你在規劃融合方法的抽樣時，我建議你，對於量化與質性分段，都應該擬出嚴謹的抽樣程序。再者，也必須注意，抽樣程序應該配合所採用的融合方法特定設計類型。

整合是融合方法研究的另一個要點。整合可能發生在若干地方，包括：資料蒐集、資料分析、研究報告的【結果】與【討論】或【結論】等部分。我建議你，要確認使用的整合方式，例如：合併、解釋、建立，或嵌入。並且可以透過聯合展示的方式，以圖或表來呈現質性與量化結果的整合。

❖ 延伸閱讀

1. Bryman, A. (2006). Integrating quantitative and qualitative research: How is it done? *Qualitative Research*, *6*, 97-113. doi: 10.1177/1468794106058877

2. Creswell, J. W. (2012). *Educational research: planning, conducting, and evaluating quantitative and qualitative research*. Boston, MA: Pearson.

3. Fetters, M. D., Curry, L. A., & Creswell, J. W. (2013). Achieving integration in mixed methods designs: Principles and practices. *Health Services Research*, *48*, 2134-2156. doi: 10.1111/1475-6773.12117

4. Fowler, F. J., Jr. (2008). *Survey research methods* (4th ed.).

Thousand Oaks, CA: SAGE.

5. Guetterman, T., Creswell, J. W., & Kuckartz, U. (in press). Using visual displays in mixed methods research. In M. McCrudden, G. Schraw, and C. Buckendahl (Eds.), *Use of visual displays in research and testing: Coding, interpreting, and reporting data*. Charlotte, NC: Information Age Publishing.

6. Lipsey, M. W. (1990). *Design sensitivity: Statistical power for experimental research*. Newbury Park, CA: SAGE.

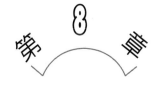

融合方法研究的報告撰寫、發表與出版

❖本章主題

- 適合發表融合方法研究的期刊
- 評鑑融合方法研究發表的判準
- 融合方法發表的類型
- 研究報告寫作的一般考量
- 適合特定融合方法設計類型的寫作結構

第 1 節　找出適合發表融合方法研究的期刊

我們都知道，融合方法的文章通常字數會比較多，因為必須納入量化資料蒐集與分析，以及質性資料蒐集與分析。除此之外，整合這兩方面資料集也需要較長的篇幅來呈現。然而，大部分的學術期刊通常沒有空間可以容許太長的文章。而且許多讀者可能不太熟悉融合方法，因此需要額外的介紹說明，這當然也導致文章篇幅的問題更形棘手。

研究論文的寫作者都知道，找出適合的期刊是很重要的。實徵研究必須符合期刊徵求的研究主題和研究取徑。由於融合方法是相對較新的方法論，作者時常會問應該投稿到哪些期刊。有三大類（分類）的期刊，可能接受融合方法研究的稿件：

1. 專門刊載融合方法的研究，這類期刊的數量日益增加，在此摘列數本如後：
   - 《*Journal of Mixed Methods Research*》融合方法研究期刊
   - 《*International Journal of Multiple Research Approaches*》國際多元研究取徑期刊（線上期刊）
   - 《*Field Methods*》田野方法期刊
   - 《*Quality and Quantity*》質性與量化期刊
2. 對於融合方法友善的期刊，而且經常接受刊登融合方法研究：
   - 《*International Journal of Social Research Methodology*》國際社會研究方法論期刊

・《*Qualitative Inquiry*》質性探究期刊
・《*Qualitative Research*》質性研究期刊
・《*British Medical Journal*》英國醫學期刊，簡稱 *BMJ*

3. 有刊登過融合方法研究的期刊，我只擇要摘列幾個例子：
・《*Annals of Family Medicine*》家庭醫學年鑑
・《*American Educational Research Journal*》美國教育研究期刊
・《*Circulation*》循環醫學期刊

第 2 節　《融合方法研究期刊》使用的評鑑判準

2007 年，我和幾位同僚共同創辦了《融合方法研究期刊》。此後四年，我擔任編輯期間，審查了將近 300 篇融合方法研究的稿件。在這期間，我開始尋找我希望在融合方法實徵研究看到的若干要素。收到稿件時，我會針對以下各點，來考量是否值得分寄給審稿人進行審查。

・首先，我會翻到介紹研究方法的部分，看看該研究是否包含有質性與量化兩方面的資料。
・其次，我會瀏覽整篇文章，看看作者是否真正有「整合」或結合質性與量化兩方面的資料集。在良好的融合方法研究，質性和量化資料應該有所整合。我必須承認，有時候，確實不是很容易就能決定，文章是用

什麼特定方式來「整合」，以及「整合」的成效表現如何。我建議，可以試著檢視【結果】和【討論】，通常可幫助判斷研究在這些面向的呈現情形。

· 接著，我會注意尋找，作者是否熟悉融合方法文獻，並且有引用最新近的融合方法參考圖書。

· 最後，我會好奇想看看，作者在研究當中嵌入了哪些融合方法特有的項目。比方說，稿件當中，是否有提出說明，支持他們採用與整合量化和質性資料的理由？標題當中，是否帶有「融合方法」的字眼？文章當中，是否包含有融合方法研究問題或聯合展示等項目？這份稿件是屬於融合方法的方法論文章，抑或是採用融合方法的實徵研究？檢視這些額外項目的處理情況，可以幫助判斷是否算是嚴謹的融合方法研究。

第 3 節　兩類的融合方法文章

當我和《融合方法研究期刊》的編輯同僚，在規劃期刊的徵稿內容時，我們預期可能會收到兩類文章的投稿：使用融合方法的實徵研究論文，以及討論如何執行融合方法研究的方法論文章。事實上，我們確實有收到這兩類的稿件。

 方法論研究的文章

從方法論（或理論）研究的文章，我們可能讀到，研究探討如何執行融合方法；再者，我們也會檢視，這些文章是否有討論驗證研究有效性的策略（Leech, Dellinger,

Brannagan, & Tanaka, 2009），如何發表融合方法研究
（Stange, Crabtree, & Miller, 2006），或是如何將融合方
法應用到特定領域，譬如：健康落差（health disparities）
（Stewart, Makwarimba, Barnfather, Letourneau, & Neufeld,
2008），或是安寧照護（palliative care）（Farquhar, Ewing,
& Booth, 2011）。

　　這類方法論研究的文章，似乎有一種共通的書寫結構，
經常會先綜覽介紹融合方法（Farquhar et al., 2011; Stewart,
et al., 2008）。一般而言，在綜覽介紹中，會提出回答下列
的問題：

- 什麼是融合方法？（亦即融合方法的定義。）
- 為什麼使用「融合方法」（mixed methods）這樣的名稱，來標示此種方法論？
- 為什麼我們應該使用融合方法？
- 為什麼我們應該使用融合方法的特定設計，或融合方法的其他構成要件？
- 融合方法所增加的價值或益處是什麼？
- 使用融合方法可能有哪些潛在的挑戰？

◆ 實徵研究的論文

　　融合方法的實徵研究論文是指，使用融合方法來探討某
種實質領域問題（例如：某種疾病領域問題）的研究。撰寫
這類型的研究論文，投稿期刊時，需要扎實展現，研究對於
所探討的實質領域確實有擴展新知；此外，也應該考量，融

合方法的若干構成要件。

　　融合方法研究通常篇幅比較長，而且傾向包含許多頁的文字陳述，因為這種研究需要較多的空間，來報告兩類的資料蒐集與資料分析，還需要討論這兩方面資料的整合。然而，有些期刊規定投稿字數，限制在 3,000 或 6,000 個英文字，這對於融合方法研究而言，似乎是太短了些。不過，有些期刊則容許較為寬裕的篇幅長度。比方說，《融合方法研究期刊》（*Journal of Mixed Methods Research*），可以接受8,000 至 10,000 個英文字的稿件。

　　當篇幅過長可能構成問題時，個中挑戰就是應該想辦法將文章縮減成適當的長度。這該怎麼做呢？不妨可以試著去檢視一系列的文章，包括：量化研究論文、質性研究論文、融合方法研究論文。我和期刊同僚就試驗過這樣的作法，請研究方法課程的學生去檢視，同一個研究案的三種取徑的論文；並且要他們思考，自己會如何將研究縮減成為融合方法的研究論文。結果發現，對於融合方法的文章，在【方法】的部分，通常討論量化與質性研究方法會比較縮短。在【結果】的部分，作者會將量化與質性結果融入整體的結果之中，從而避免必須另外呈現量化與質性的個別結果。最後，在【討論】的部分，作者會使用表格來濃縮資訊，以縮減篇幅。這些都是有用的策略，可以幫助減少融合方法實徵論文的篇幅，以便符合某些期刊的字數限制規定。

　　前述例子可以明顯看出，撰寫實徵研究論文時，不妨可以考慮將同一個研究撰寫成三篇不同方法取徑的論文，分別是：量化研究文章、質性研究文章，與融合方法研究文章。這些文章可以分別投寄到不同屬性的期刊。在投稿的先後順

序方面，可以試著先投稿量化與質性論文，最後再投稿融合方法論文。採用這種作法的時候，作者需要提供交叉參照（cross-reference），以便讀者能夠看出來這三篇文章是屬於同一個融合方法的研究。最後，在前述的三種實徵研究文章之外，還可以再寫一篇方法論的文章，討論該研究採用的特定融合方法程序。

有少數作者已經提出論述，探討如何發表融合方法研究。另外，Stange 等人（2006）則另闢蹊徑，探討如何發表「多元方法研究」（multi-method study）的文章，他們建議，可以參考在基礎醫療〔primary（health）care〕領域頗為普遍採行的五種論文發表策略：

- 將研究拆開寫成量化與質性方法研究各一篇的文章，分別投稿、發表於適合屬性的期刊，並且在各自文章中提供交叉參照。
- 將研究拆開寫成量化與質性文章，投稿到同一份期刊，同期發表或分期連載，有少數期刊可以接受這種發表形式。
- 以比較精簡的方式，發表「整合」量化與質性研究的融合方法文章，關鍵在於縮減【方法】的資訊，而將比較詳盡的補充資訊挪到【附錄】或線上提供。
- 分開發表質性與量化研究的文章，然後再發表融合方法研究的文章，篇幅較長，而且在【方法】的章節包含較詳盡的細節。
- 在線上討論區發表，這種形式的發表管道，可能比較能夠容納較長篇幅的研究文章。目前，已經有越來越

多的期刊，推出線上版本的文章發表管道。

　　這些都是有幫助的建議，可以用來將單一研究寫成多篇
論文發表，而且特別適用於橫跨多年、有獲得獎助、多位研
究團隊工作人員的大規模研究，相當有助於因應特定期刊對
於投稿篇幅的限制。

　　除此之外，在寫作融合方法實徵研究論文時，還有另
外一個考量就是，作者必須負起教育推廣的責任，介紹讀者
認識融合方法研究的本質，這可以在【方法】的章節來陳
述。最起碼的程度，應該要讓讀者能夠知道，融合方法研究
的定義、使用這種研究方法的價值，以及對於研究主題領域
的潛在貢獻。目前在文獻當中，可以找到許多不同主題領域
的實徵研究論文，在【方法】之類的章節介紹說明融合方法
的書寫範例。比方說，Creswell 與 Zhang（2009）在〈The
application of mixed methods designs to trauma research〉一
文，討論了融合方法的起源（對於此種研究方法的適切命
名）、融合方法的定義、融合方法的核心特徵，以及在創傷
研究領域常用的特定整合形式與融合方法設計。

第 4 節　反映融合方法設計的實徵研究論文結構

　　瀏覽融合方法實徵研究的論文，應該可以很明顯看出，
各篇文章採用的寫作結構都不盡相同。不過，再進一步緊
密檢視，我們還可以看出，論文的結構可能和融合方法的特
定設計有所關聯。要檢視融合方法研究論文的結構，我建議

你，不妨試著找出大約二十篇採用你提案融合方法研究設計類型的文章（例如：併列設計）。密切檢視其中的【結果】和【討論】章節，以及研究該等文章當中理念的起承轉合。透過這樣的分析，我相信，或許可以幫助釐清，適用於特定融合方法設計的論文書寫結構。

我自己依照前述的方式做過之後，整理出適用於融合方法主要設計類型的論文書寫結構。其中，有兩項值得你特別注意的要點：

1. 寫作的組織結構需要配合融合方法採用的特定設計類型，更具體而言，必須配合研究設計當中實施量化、質性與整合階段的順序。

2. 融合方法研究的組成元素，基本上會出現在論文的【方法】、【結果】、【討論】等章節。因此，在下列的例子說明，當我們以方頭括號【XX】的形式來呈現，那就代表是論文組織中的特定章節。

◆ 併列設計的論文結構

現在，先讓我們來回顧溫習一下，併列設計是指，將量化與質性資料集合併對照，以便產生針對研究之關鍵共通問題的兩組結果與詮釋。在這兩組資料合併之前，研究者會分開蒐集與分析每一組的資料。因此，在使用併列設計的融合方法研究論文章節組織中：

1. 在【方法】章節，應該分開陳述量化資料的蒐集、

分析實施要件與作法，以及質性資料的蒐集、分析
實施要件與作法。在這裡，不論先介紹量化或質性
部分都沒有關係，重點在於兩個部分應該分開呈現。

2. 在【結果】的章節，也要分開報告，量化與質性兩
方面資料集的結果分析。量化部分，通常是報告統
計分析結果；質性部分，則是報告主題分析結果。

3. 兩組資料集的整合，通常呈現在【討論】的章節。
就是在這裡，我們會看到「併列式」對照比較（"side-
by-side" comparisons）。

4. 如果併列設計研究者有採用聯合展示，可能會放在
【結果】或【討論】（連同其他的項目，譬如：研
究的限制、可參考的文獻，以及未來研究的方向）。

解釋型序列設計的論文結構

　　首先，讓我們回想一下，在解釋型序列的設計，一開始
是量化階段，隨後是質性階段，用來幫助解釋量化階段發現
的結果。因此，在撰寫採用這種設計的研究論文稿件時，不
妨參考以下的寫作結構：

1. 在【方法】的章節，應該先陳述，蒐集量化資料的
測量工具；接著再說明，蒐集質性資料的訪談程序
和訪談問題。

2. 在【結果】的章節，應該包括三個部分：
   ・討論量化統計結果；
   ・討論量化結果當中，有哪些部分需要進一步的解釋

（例如：達到統計顯著的結果、沒達到顯著的結果、極端值或離群值、人口統計變項等）；

・質性結果幫助解釋量化結果。

3. 在【討論】的章節，或許可以摘要總結前述階段的主要元素，從而強化、凸顯反映此設計的理念起承轉合順序（同時，再加上其他的項目，譬如：研究的限制、可參考的文獻，以及未來研究的方向）。

 ## 探索型序列設計的論文結構

探索型序列設計，一開始是質性探索階段；接著以其探索結果為基礎，建立第二階段的量化方法研究，譬如：發展測量工具或介入作法；然後是第三階段，採用量化方法來針對大樣本，進行測量工具或介入模式的檢測。

在撰寫這種融合方法設計的論文時，可以考量下列的結構：

1. 在【方法】的章節，先呈現質性階段的資料蒐集程序，接著再呈現量化階段的資料處理方法。

2. 在【結果】的章節，先報告質性階段的探索結果，然後描述根據質性發現發展而成的量化研究元素（例如：測量工具或介入模式），最後再報告該等量化元素的檢測結果（總之，應該分成三個部分，分別陳述說明這三個階段的結果）。

3. 在【討論】的章節，可以先精簡摘述先前【結果】三個部分的結果，再進行討論個中可能值得注意的

涵義或啟示（連同其他的項目，譬如：研究的限制、可參考的文獻，以及未來研究的方向）。

四 介入設計的論文結構

介入設計的融合方法研究，乃是在不同時間點，將質性資料插入實驗試驗當中，譬如：在實驗試驗開始前（例如：用質性探索發現的結果，來幫助開發、設計可能發揮較佳效用的介入模式）、在實驗試驗期間（例如：用來幫助瞭解受試者所經歷體驗的介入或治療過程）、在實驗試驗之後（例如：藉由使用質性資料蒐集與分析，來幫助解釋量化階段發現的結果）。這種設計是屬於「進階的」設計，因為是將設計元素（亦即實驗的介入試驗）加入基本設計類型（亦即探索型序列設計、併列設計、解釋型序列設計）。

在撰寫介入設計的融合方法研究論文時，可以考量下列的結構：

1. 在【方法】的章節，討論實驗或介入的作法，接著再討論質性資料的蒐集與分析。

2. 在【結果】的章節，呈現實驗或介入試驗的結果，以及質性階段發現的主題。至於這些題材呈現的先後順序，則取決於質性資料是如何運用在這研究當中——是在實驗或介入之前（那就先報告質性階段發掘的主題，接著再呈現實驗或介入的結果）；在實驗或介入期間（將質性資料與實驗結果整合在一起）；或是在實驗或介入之後（先報告實驗介入結

果，接著再呈現質性階段的發現）。

3. 在【討論】的章節，先簡要回顧實驗介入的結果與
   質性階段的發現，然後說明，質性資料如何提供額
   外資訊的洞視，來闡明介入的試驗（連同其他的項
   目，譬如：研究的限制、可參考的文獻，以及未來
   研究的方向）。

五 社區本位參與研究融合方法設計的論文結構

　　進階設計的一種用途就是在基本設計當中，融入某種理
論取向、哲學取徑，或社會正義取徑等。社區本位參與研究
（community-based participatory research，簡稱 CBPR）即
是個中絕佳範例。在此種設計的研究當中，CBPR 成為貫穿
整個研究的總架構，設法安排社區關係人士參與投入研究的
許多面向。因此，理想的論文結構應該描述社區利害關係人
士，如何參與投入研究的每一個階段（例如：研究問題形成
階段、資料蒐集階段等）。

　　在撰寫社區本位參與研究的融合方法研究論文時，可以
考量下列的結構：

1. 在【方法】的章節，討論社區利害關係人士參與投
   入的時間點。
2. 在【結果】的章節，呈現基本設計的資訊。
3. 在【討論】的章節，討論社區關係人士的參與投入
   如何有助於取得額外洞視，來闡明研究案（連同其
   他的項目，譬如：研究的限制、可參考的文獻，以
   及未來研究的方向）。

第 5 節　論文發表必備元素檢核表

　　我覺得，整理列出檢核清單（請參閱表 8.1），提供投稿作者來檢視他們所寫的融合方法的實徵研究論文，應該有助於判斷是否達到期刊徵稿的錄取標準。這樣的檢核清單也適用於碩、博士論文提交審核前的自我檢查，或是申請研究獎助的提案計畫書送交前的自我檢查。檢核清單內的各個項目的順序，乃是反映論文正式發表時的順序。

表8.1　融合方法研究投稿必備元素檢核表

- 融合方法研究的標題
- 摘要
- 傳達研究問題為何適合採用某種融合方法設計的邏輯理據
- 融合方法的研究目的或目標宣言
- 量化、質性與融合方法研究問題
- 陳述研究背後的世界觀、理論的使用（社會科學、轉化型觀點等）
- 嚴謹的融合方法組成元素
  - 討論使用融合方法的優點
  - 確認所採用的融合方法設計之類型
  - 呈現融合方法研究程序圖
  - 確認方法論方面的挑戰
  - 描述量化與質性資料蒐集和分析
  - 討論研究倫理議題
  - 討論效度
- 使用配合特定融合方法設計的文章結構，來報告研究結果
- 討論如何整合量化與質性資料

❖ 本章建議

　　檢視融合方法研究的範例，並且細心思考該等研究報告、論文是如何撰寫的，特別是關於【方法】、【結果】、【討論】等部分，我們可以從中獲益匪淺。特別需要關注的是，融合方法研究的寫作結構。不同的發表管道的審核偏好，有經驗的融合方法研究者運用來評鑑自我研究的標準，還有期刊投稿的特殊規定（例如：字數限制），也都需要審慎應付。嚴謹的融合方法研究包含許多融合方法的元素，在撰寫論文準備投稿發表前，最好能夠使用檢核清單來自我檢查，以確認該等元素是否有適切處理呈現。

❖ 延伸閱讀

【找尋適合發表融合方法的期刊】

1. Cabell's Directories of Publishing Opportunities (www. cabells.com/ index.aspx)。
2. Ulrich's Web (www.ulrichsweb.com/ulrichsweb)。
3. The University of North Carolina at Charlotte's, 2011 list (http:// guides.library.uncc.edu/coed_faculty)。

【寫作指南】

4. Creswell, J. W., & Plano Clark, V. L. (2011). *Designing and conducting mixed methods research* (2nd ed.). Thousand Oaks, CA: SAGE.
5. Dahlberg, B., Wittink, M. N., & Gallo, J. J. (2010). Funding and publishing integrated studies: Writing effective mixed

methods manuscripts and grant proposals. In A. Tashakkori & C. Teddlie (Eds.), *SAGE handbook of mixed methods in social and behavioral research* (pp. 775-802). Thousand Oaks, CA: SAGE.

6. O'Cathain, A. (2009). Reporting mixed methods projects. In S. Andrew & E. J. Halcomb (Eds.), *Mixed methods research for nursing and the health sciences* (pp. 135-158). West Sussex, UK: Blackwell.

7. Sandelowski, M. (2003). Tables or tableaux? The challenges of writing and reading mixed methods studies. In A. Tashakkori & C. Teddlie (Eds.), *Handbook of mixed methods in social and behavioral research* (pp. 321-350). Thousand Oaks, CA: SAGE.

8. Stange, K. C., Crabtree, B. F., & Miller, W. L. (2006). Publishing multimethod research. *Annals of Family Medicine, 4,* 292-294. doi: 10.1370/afm.615

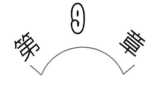

第 9 章

融合方法研究的品質評鑑

❖本章主題

- 是否要使用標準，來評鑑融合方法研究？
- 《*Journal of Mixed Methods Research*》使用的審查標準
- 文獻當中可參考使用的標準
- 美國國家衛生研究院推薦的「最佳實務」

第 1 節　如何運用判準來評鑑融合方法研究的品質？

　　隨著融合方法領域日益茁壯成熟，很自然地，論述者和學者開始考量，是否有需要採用標準或準則，來評估融合方法研究的品質。一般而言，成熟的科學領域確實都有標準或準則，可供使用來評估研究的品質。但是，當領域逐漸成熟的同時，對於何謂有品質的研究，可能就會出現意見相持不下的情況，而且來自不同學門領域的個別研究者，對於有品質的研究應該具備哪些特徵，看法也可能不盡相同。目前，關於融合方法研究的品質，已經出現了許多可供採用的標準，有些是來自期刊或研究獎助機構，有些則是個別科系師生可能採用的標準。毫無疑問，融合方法仍在持續發展中，因此尚未存在普遍認可而且通行的固定標準。

　　若干不同的讀者群都有使用品質標準，不論是否有公開承認。一般而言，期刊都會公布投稿須知，列出審稿者用來評估稿件品質的標準。有些期刊規定得相當具體而詳細，但也有些期刊則比較抽象而概括。在融合方法領域，期刊可能會針對方法論研究與實徵研究（請參閱**第 8 章**）的稿件，分別列出審稿者使用來評估稿件品質的標準。另外，研究獎助機構也有設立審查標準，可供審查人員用來評估研究計畫或獎助申請案。諸如此類的評估標準通常都有公布在網站，很容易就可以查詢到。至於書籍出版商，我們可以查看特定出版社的網站（例如：SAGE 出版社的網站，http://mmr.sagepub.com），就可以找到評估融合方法研究書籍品質的準則。

最後，各大學系所指導教授可能使用若干標準，來評估碩、博士論文，以及學生研究報告的品質。有時候，個中標準可能反映一般論文寫作的品質；有時候，則是比較直接針對特定的研究元素主題（例如：是否有充適回顧評析融合方法文獻？）。由於融合方法仍屬於新興發展的領域，相關的研究課程雖然有日益增多的趨勢，但相對數量仍然不多，因此一般大學系所的教授不一定找得到可供參考的標準，可用來評鑑融合方法研究。他們可能會轉而依賴期刊公布的投稿審查標準，聯邦機構或民間基金會公告的準則，甚或是參考已發表的融合方法研究期刊論文。隨著越來越多學者熟悉融合方法的基本原理（例如：**第 1 章**提及的融合方法核心特徵），對於如何評估融合方法研究的品質，應該會出現較高程度的共識。

第 2 節　融合方法是否應該有標準？

我很確定，學者對於此一議題的看法相當紛歧。回顧檢視正反意見應該有助於我們來考量判斷，是否應該使用標準來評鑑融合方法的品質。在支持應該有標準的一方，期刊論文的審查確實是需要某些標準，用來參照評審融合方法研究。在大型的期刊，擁有人數眾多的編輯群和許多特約審稿人員，如果能有某些標準，對於稿件的審查任務應該是頗有助益的。同樣的道理，也適用於聯邦機構或民間基金會審查研究獎助案的人員。這些機構的立場都傾向主張有必要設定標準，以免個別的審查人員任意決斷，融合方法研究計畫案

是否應該獲得獎助。

　　對於是否應該需要有標準，個別領域之間似乎有著不同的見解。在衛生科學領域，通常都會規定要使用標準化的計畫書（protocol），來統一規範篩檢、診斷或手術等的實施程序。在衛生科學領域，這樣的規範幾乎已經成為例行常規了。因此，對於衛生科學的臨床人員和研究人員而言，融合方法標準自然是應該要有的作法，而且使用諸如此類的標準，也早就是他們工作當中的標準作業程序。另一方面，在社會科學領域，則比較不可能採用制式化的計畫書、檢核清單、評鑑標準等。研究者或許也會使用其他人發展的研究工具，但是通常會修改調整，以「適合」（fit）特定研究的參與者。

　　有關人的研究，個別脈絡可能南轅北轍，差異頗大，這在全球各地的地區性差異尤其明顯，對於研究程序的影響自然不容等閒視之。長久以來，在社會與行為科學領域，質性研究者比較傾向採用開放式的程序來蒐集資訊，容許參與者提出個別的體驗或觀點，而比較不會限制只能遵循預先擬定的問題、標準化工具或制式答案。相對地，量化研究者通常傾向使用和信賴標準化的程序，而且他們會預設行為有某種模式，並且以此為根據而來操作量化研究程序。比方說，所要研究的行為可能排列成某種序列的元素組合，從而依序予以測量和評估，而無須關注個別研究對象的獨特情境脈絡。

　　最後，支持融合方法應該有標準的另外一個理由是，研究新手最好需要有清楚的準則，用來引導他們執行研究，以及讓他們知道自己的融合方法研究將會得到怎樣的評鑑。如果缺乏經驗，對基本規則也不熟悉，那就沒辦法突破、創

新。

在另一方面，反對融合方法應該有標準的陣營認為，準則是由個別的人士、研究獎助機構、系所教授、委員會等所建立。但是，如何決定誰夠資格來設定標準，還有如何確定這些個人或團體是否知道他們在做什麼？總之，在這當中，就有可能涉及權力的問題，以及誰來控制知識生產的問題。有時候，個別的人士或機構組織之所以創設某些準則，乃是基於自我的利益著想。他們可能是要控制研究的本質，以便推進他們所想要追求的目標，因此，準則有時候可能會導致不良的後果。

準則的另一個缺點是，設下了關於什麼是可接受或不可接受的界線。這可能就會限制了個人的創意發揮，並且拖慢了對於融合方法的採納腳步。有經驗的研究者可能會感覺受到準則的掣肘，而不能充分發揮自己的研究獨創性。無庸置疑地，有經驗的研究者不喜歡受到標準的束縛，而希望能夠自由創造他們自己的融合方法研究案。這些研究者可能會努力掌握方法論的基礎要素，希望能夠突破既有的框架，從而做出開創新局的獨特研究。

最後一點，反對標準或準則的一個論點就是，根本無法取得共同認可的標準或準則。Johnson, Onwuegbuzie 與 Turner（2007）曾經試圖彙整建立，關於融合方法的單一定義，他們請 19 位學者提供在研究當中實際使用的定義。瀏覽該等定義時，你應該不難體會到，即便是像融合方法的定義如此基本的概念，在學者當中都很難建立毫無異議的共識。

對於是否要有標準，來評估融合方法的品質，我個人的

立場是比較偏向，應該要有。我覺得：

- 標準將可促進融合方法領域，可以提供審查者和評鑑者一套準則，有助於用來評估融合方法研究的品質。
- 在衛生科學領域，標準是應該必備的，不論是臨床或醫療實務與研究，準則和標準化的計畫書都是例行常規的一部分。
- 標準的陳述必須普遍適用，以便可以橫跨涵蓋社會科學、行為科學與衛生科學等領域。

　　基於上述理由，在我所撰述的融合方法的書籍當中，你都會發現，我整理列出了有關評鑑標準的檢核清單和相關討論。因為我在衛生科學的工作，讓我得以肯定，這些有關融合方法評鑑標準的資訊，對於新進研究者助益頗多（至少，我聽過他們是這樣對我說的）。

第 3 節　我在《融合方法研究期刊》擔任編輯使用的審查標準

　　當我和同僚共同創辦《融合方法研究期刊》，我們旗下的審稿人員包括 25 人左右的常任編輯群，另外還有審查特殊題材和領域的特約審稿人員。我們的期刊屬於跨領域，而且投稿者來自世界各地。再者，隨著期刊日益成長，我們也看到持續有兩大類的稿件投寄進來，包括：(1) 實徵研究的文章（empirical articles），作者使用融合方法，來探討特

定主題內容；(2) 方法論的文章（methodological articles），作者探討融合方法的理論和實務（例如：討論融合方法的效度，或是融合方法的設計）（請參閱第 8 章）。

當你檢視《融合方法研究期刊》的〈投稿須知〉，你可以看到，投稿者和審稿者參考使用的評鑑標準。其中包括：實徵融合方法研究文章的定義、融合方法研究方法論文章的定義，以及這兩類文章的審查標準。上網連結 SAGE 出版社網站的《融合方法研究期刊》網頁（http://www.sagepub.com/journals/Journal201775#tabview=manuscriptSubmission），點選〈SUBMISSION GUIDELINES〉，就可以查看到投稿須知的詳細內容。接下來，就讓我們來檢視，此期刊關於實徵研究文章與方法論文章的審查標準，這應該有助於我們評估該等準則的具體明確程度。

 《融合方法研究期刊》實徵研究文章的審查標準

實徵融合方法文章的一般定義是，報告社會科學、行為科學、衛生科學、人文科學等領域內容主題或議題的實徵融合方法研究。稿件必須符合下列要點：

- 符合融合方法研究的定義，報告蒐集和分析量化與質性資料，整合兩方面的研究發現，使用量化與質性結果來做出推論；
- 明顯整合研究的量化與質性面向；並且
- 除了對於學術研究領域的實質內容主題或議題有貢獻之外，還有討論如何擴展融合方法研究的文獻。

　　研究論文如果沒有呈現出整合或討論融合方法，就會予以退稿。

　　實徵融合方法文章的審查標準包括：

- 研究問題有關注的價值；
- 理論架構；
- 研究問題與融合方法研究設計相互適配；
- 融合方法設計；
- 融合方法抽樣；
- 融合方法分析與整合；
- 討論具有洞見；
- 寫作的品質；
- 結論的品質；
- 對於融合方法文獻有貢獻；
- 能夠引發《融合方法研究期刊》（*JMMR*）讀者群的興趣。

◆《融合方法研究期刊》方法論／理論文章的審查標準

　　方法論／理論文章的一般定義是，探討方法論或理論的議題，有助於推進融合方法研究的知識。這類文章必須符合下列的要點：

- 提出探討重要的融合方法論主題；
- 充適包含既存文獻；
- 對於推進吾人對融合方法研究的理解有貢獻。

審查標準包括：

· 是否提出討論重要的主題；
· 文獻的充適程度；
· 論述的強固程度；
· 建議的原創性；
· 寫作的品質；
· 對於融合方法文獻有貢獻；
· 能夠引發《融合方法研究期刊》（*JMMR*）讀者群的
  興趣。

這些準則似乎給研究者設立了應該致力追求的標準，不過陳述準則的方式比較偏向概括普遍的用語。比方說，在實徵研究文章的準則方面，沒有明確規定應該採用融合方法設計類型；在方法論文章的準則方面，也沒有限制所能提出探討的特定主題。整體而言，這兩種文章的定義，仍然提供了若干有用的資訊，有助於分辨《融合方法研究期刊》徵求稿件的界線。

第 4 節　融合方法研究可參考使用的標準

不論是在期刊、研究獎助機構、民間基金會、學術或專業領域、研習會或工作坊等，評鑑研究的標準都不是什麼新鮮的事。不過，在融合方法領域，確實是比較新近，才開始提出關於標準的作法。比方說，在 2002 年，美國國家科學基金會發行的《2002 年版研究專案評鑑使用者

友善手冊》（*The 2002 User-Friendly Handbook for Project Evaluation*）（www.nsf.gov/pubs/2002/nsf02057/start. htm），其中有一節討論融合方法的評鑑。〔【譯者按】：前述網頁目前已移除，其實更早之前，在 1997 年，美國國家科學基金會（National Science Foundation，簡稱 NSF）的研究、評鑑與溝通處（Division of Research, Evaluation and Communication）就已經發行了「融合方法評鑑使用者友善手冊」（User-Friendly Handbook for Mixed Method Evaluations），參考網址：http://gametlibrary.worldbank. org/FILES/312_Guidelines%20on%20Mixed%20Method%20 Evaluations.pdf〕。

2008 年，Robert Wood Johnson 基金會的「質性研究引導守則計畫」（Qualitative Research Guidelines Project，網站 http://www.qualres.org/），提供了一組實用準則，可用來參考評鑑融合方法研究案的質性組成部分。該等準則不只用來指引設計，該網站研究方法的內容，並且也收錄了美國國家衛生研究院行為與社會科學研究局（Office of Behavioral and Social Science Research，簡稱 OBSSR）的有用建議，可供確認質性方法的「最佳實務」（請參閱**第 6 章**，以及本章稍後的討論介紹）。

2010 年，USAID（美國國際發展總署）發布了，執行融合方法評鑑的指南；另外在醫學教育方面，也有若干文章提出執行融合方法研究的基本準則（Schifferdecker & Reed, 2009）。有些工作坊或研習會，也有推廣融合方法研究的實施作法。比方說，2012 年，美國國家衛生研究院舉辦的研習會：「使用融合方法來優化衛生介入的推廣傳播與實

施」（Using Mixed Methods to Optimize Dissemination and Implementation of Health Interventions）。

簡言之，目前關於融合方法研究，已經發展出若干準則，而且文獻也陸續有個別論述者增添了新的聲音。針對融合方法的準則，論述者也提出了若干期許的清單。如表 9.1 所示，我們從文獻擇要呈現了三組標準，快速瀏覽這三組標準，可以發現，和稍早之前提及的《融合方法研究期刊》相去不遠。Creswell 與 Plano Clark（2011）設立的標準似乎反映了，*JMMR* 期刊的融合方法定義與核心特徵。O'Cathain, Murphy 與 Nicholl（2008b）的清單比較普遍化，似乎可以適用於對任何研究的期待。Schifferdecker 與 Reed（2009）的建議約落在這兩者之間。他們談到融合方法與其特殊面向，譬如：融合方法研究的設計、抽樣，但是沒有約束研究者必須遵循詳細明定的施行程序。在表 9.1，還有一些值得關注的額外項目，包括：支持採用融合方法的理由論述、設定務實的研究目標、使用分析軟體、確立研究的限制與洞視。

第 5 節　美國國家衛生研究院推薦的「最佳實務」

先前在第 6 章，曾經介紹過，2011 年，美國國家衛生研究院行為與社會科學研究局（Office of Behavioral and Social Science Research，簡稱 OBSSR）召集 18 位國衛院代表、方案官員、融合方法專家學者，成立一個任務小組，發展出〈衛生科學融合方法研究的最佳實務〉（Best Practices for Mixed Methods Research in the Health Sciences）。我與 Ann

表9.1　融合方法研究三種評鑑標準的對照比較

標準	Creswell 與 Plano Clark (2011)	O'Cathain, Murphy 與 Nicholl (2008b)	Schifferdecker 與 Reed (2009)
融合方法設計	使用融合方法設計	描述研究設計，包括：研究目的、優先性、順序	具體指出研究設計
方法	使用嚴謹的量化與質性方法	描述方法，包括：抽樣、資料蒐集、資料分析等程序	決定每一種資料類型、分析和結果的重要性
資料蒐集與分析	蒐集量化與質性資料，並且分析之		發展抽樣策略，以及決定如何與何時蒐集、分析和整合資料
資料整合	合併、嵌入或連結量化與質性資料	描述資料的整合是發生在何處與如何發生	
其他	使用一致性的融合方法專有術語	陳述採用融合方法的正當性理由；描述研究的限制與洞視	設定務實的時間需求；使用軟體；回顧融合方法文章來產生研究構想

Klassen〔卓克索大學（Drexel University）〕、Vicki Plano
Clark〔辛辛那提大學（University of Cincinnati）〕、Kate
Smith〔約翰霍普金斯大學（Johns Hopkins University）〕擔
任共同主席。初期在擬定三方面的建議時，我們感覺到，
「實務」應該要反映出融合方法的最佳特色；推廣撰寫融
合方法研究申請案的建議（包括：R 系列獎助案、K 系列
獎助案、中心系列獎助案等）；建立評審申請案的標準。
其實，早在 2001 年 NIH OBSSR 報告：《衛生研究的質性方
法：申請與審查的機會與考量要點》（*Qualitative Methods
in Health Research: Opportunities and Considerations in
Application and Review*），其中就已經有包含了一節，討論
融合方法研究，不過篇幅甚短，尚不足以充分反映當時融合
方法研究的進展狀況。

　　最後，任務小組的結案報告提出了執行融合方法研究的
建議，這份報告的主題反映了三方面的資訊：(1) 讓讀者明
白融合方法研究的基本特性：(2) 提供研究申請人在撰寫計
畫方面的建議；(3) 提供一份檢核表，可供審查者使用。透
過檢視這份報告的目次表，應該有助於領略個中主題開展的
情況。

NIH 推薦的衛生科學融合方法研究「最佳實務」
http://obssr.od.nih.gov/mixed_methods_research/

目次表
　　• Acknowledgement 致謝辭

- Introduction and Background 介紹與背景
- The Need for Best Practices 最佳實務的必要性
- The Nature and Design of Mixed Methods Research 融合方法研究的本質與設計
- Teamwork, Infrastructure, Resources, and Training for Mixed Methods Research 融合方法研究的團隊作業、基礎結構、資源與訓練
- Developing an R Series Plan That Incorporates Mixed Methods Research 發展融入融合方法研究的 R 系列計畫
- Beyond the R Series—High-Quality Mixed Methods Activities in Successful Fellowship, Career, Training, and Center Grant Applications 除了 R 系列之外，成功申請研究獎助金、職涯、訓練和研究獎助申請案的高品質融合方法活動
- Reviewing Mixed Methods Applications 檢視融合方法研究申請案
- Overall Recommendations 整體的推薦
- Appendix A. NIH Working Group on Developing Best Practices for Mixed Methods Research【附錄 A】NIH 發展融合方法研究最佳實務任務小組

　　在這裡，我特別強調此報告當中「檢視融合方法研究申請案」（Reviewing Mixed Methods Applications）乙節的一份檢核表。這份檢核表彙整了國衛院計畫審查評鑑的主要項目，包括：研究的重要性、研究者的資歷、創新、研究取

徑，以及環境。除此之外，檢核表的明細項目也吸取融合方法研究的最新思潮，適予修訂。比方說，在「研究的重要性」（Significance of Study）之下，其中一條標準是「研究問題能否因為融合方法的多元觀點而獲得最佳的探討？」另外，在「方法」（Approach）之下，其中一條標準是「方法的整合是否有陳述清楚、充適，包括：各種方法的使用時機、技術、整合的責任等？」、「問題是否最適合透過融合方法的多元觀點來加以研究？」這份檢核表的用意是要，提供研究計畫案的審查準則（如果要用「標準」這樣的稱呼也未嘗不可），幫助各機構與研究中心先行自我審查，以評估向 NIH 提出的研究計畫申請案是否達到該有的水準。

❖ 本章建議

這一章，我們指出了，期刊、圖書、系所指導教授、研究獎助機構等，確實有採用評鑑標準。無需懷疑，使用評鑑標準自然有其優、缺點，融合方法研究者在決定是否要使用評鑑標準時，必須針對個中利弊得失妥善加以權衡取捨。

在這當中，期刊所採用的標準似乎是最具體而明確的，我在《融合方法研究期刊》就致力推廣採用這類的標準。當然，融合方法評鑑標準的採用並不限於期刊，在網站、各種領域的出版品、聯邦研究獎助機構與民間基金會，還有許多研習會或工作坊，也都可以發現融合方法評鑑標準的推廣應用。

除此之外，若干融合方法的論述者也自行發展各式各樣的標準，其內容從偏向普遍化的通用準則，到專殊化的

特定標準，一應俱全。就在最近（2011 年），美國國衛院
（NIH）的行為與社會科學研究局（OBSSR）召集若干學
者專家成立任務小組，發展衛生科學領域的融合方法最佳實
務。結案報告提出了若干建議，主要包括：釐定融合方法研
究的本質、建議申請提案的最佳實務作法，以及 NIH 評審
人員審查申請案的參考標準。其中特別值得注意的是，評審
人員可以用來評鑑申請案的檢核表。這份報告與檢核表可以
在 OBSSR 的網站公開查詢。

❖ 延伸閱讀

1. Creswell, J. W., Klassen, A. C., Plano Clark, V. L., & Smith, K. C., for the Office of Behavioral and Social Sciences research. (2011, August). *Best practices for mixed methods research in the health sciences*. Washington, DC: National Institutes of Health. 讀取自 http://obssr.od.nih.gov/mixed_methods_research

2. Johnson, R. B., Onwuegbuzie, A. J., & Turner, L. A. (2007). Toward a definition of mixed methods research. *Journal of Mixed Methods Research, 1*, 112-133. doi: 10.1177/1558689806298224

3. O'Cathain, A., Murphy, E., & Nicholl, J. (2008). The quality of mixed methods studies in health services research. *Journal of Health Services Research and Policy, 13*(2), 92-98. doi: 10.1258/jhsrp.2007.007074

第 10 章

融合方法研究的進展與推廣

❖本章主題

- 融合方法在科學方面的進展，本書各章討論主題的總結
- 融合方法在數位年代的進展

第 1 節　融合方法在科學方面的進展

關於融合方法的研究，在科學方面有若干的進展，這些都應該列入目前學生必須學習的融合方法課題。當然，我們現在已經有若干專門發表融合方法研究的期刊，譬如：《融合方法研究期刊》（*Journal of Mixed Methods Research*）、《國際多元研究取徑期刊》（*International Journal of Multiple Research Approaches*）。融合方法研究作為一個領域，經過許多不同學門、專業領域和頂尖期刊持續發表的方法論著述，已經取得相當可觀的進展。目前，融合方法研究在衛生科學領域已經廣受採用，在社會科學的各種領域也日益普遍。世界許多國家、地區，對於融合方法研究也展現了極高的興趣，包括：非洲（例如：南非）和東南亞（例如：泰國）。融合方法經常被視為帶有歐美的根源，尤其是國際融合方法研討會的發源地就在英國，而且目前討論融合方法領域的許多書籍，多半是來自歐美各國。

相較於五年前，目前的融合方法最明顯的進展就是，已經有許多發表在各大學術期刊的實徵研究。我們現在已經有許多傑出的範例，可供參考學習如何實施融合方法。民間基金會（透過工作坊、研習營），以及聯邦政府（透過「最佳實務」的許多網站，推廣融合方法的嚴謹實施作法），也助長了對於融合方法的興趣。除此之外，在美國和英國許多頂尖大學，紛紛推出各種融合方法的研究課程。2014 年春季，哈佛大學的全球衛生與社會醫學系（Department of Global Health and Social Medicine）就開設了融合方法的課程。

　　總之，截至目前為止，融合方法在科學方面有哪些進展，得以提升其可信度和運用？以下，就根據本書先前各節介紹討論的主題，從中整理若干面向來簡單陳述之，包括：

1. 核心特徵
2. 專業術語
3. 融合方法的價值
4. 研究設計的進展
5. 執行融合方法研究必備的技能
6. 使用哲學和理論來建立研究架構
7. 融合方法研究問題
8. 聯合展示
9. 融合方法研究的撰寫與發表
10. 品質標準

 核心特徵

　　目前，我們對於融合方法的核心特徵，已經有相當清楚的概念。雖然，有些論述者或許會傾向採取較多哲學或理論的觀點來探討，但是我個人的作法則總是著眼於研究的實施作法。所以，依照這種精神，我將融合方法的核心特徵，聚焦在個中涉及的研究實施要點，就如同本書第 1 章所提出的，包括：

1. 蒐集和分析量化與質性資料，用來回答開放式與封閉式的研究問題或假說；

2. 使用嚴謹的方法來執行量化與質性分段的研究程序；
3. 使用特定類型的融合方法設計，產生質性和量化的資料集，將兩方面的資料集予以整合和詮釋；
4. 融入不同的理論觀點，以及將研究的哲學基礎外顯化。

　　原則上，應該具備以上的核心特徵，才算是融合方法。另一方面，從反向來看，我們目前也很清楚，哪些不算是融合方法。目前，最明顯的問題就是，有些研究者雖然蒐集了量化與質性資料，但是並沒有將這兩方面的資料集加以整合，卻也稱之為融合方法。我們認為，真正的融合方法必須涉及量化與質性兩方面資料集的整合，這乃是構成融合方法研究的關鍵要素。

 專業術語

　　融合方法領域在科學的另一個面向的進展，就是發展、採用了特定的專業術語。在所有方法論當中，研究論述者都有發展專屬的術語，融合方法也不例外。事實上，在大部分融合方法的書籍，最後面都收錄有專業術語的簡易辭庫（glossary of terms），而且各書籍之間收錄的術語與提供的簡要釋義大致雷同（請參閱本書【專業術語】）。

　　其中，融合方法（mixed methods）本身就是一個關鍵用語。多年以來，這種研究有過若干不同的名稱，包括：多元方法（multimethod）、整合研究（integrated research）或融合研究（mixed research）。不過，時至今日，隨著 SAGE

出版社發行的《社會與行為領域融合方法研究手冊，第二版》（*Handbook of Mixed Methods in Social and Behavioral Research*）（Tashakkori & Teddlie, 2010），以及《融合方法研究期刊》（*Journal of Mixed Methods Research*，簡稱 JMMR）和「國際融合方法研究協會」（Mixed Methods International Research Association）的創立，我們似乎已經將融合方法（mixed methods）確立為普遍採納遵行的標準用語。

 融合方法的價值

　　隨著融合方法領域的蓬勃發展，目前有越來越多的關注聚焦在融合方法的「價值」（values）。研究者會問：「融合方法能夠提供哪些獨特的價值，是單獨使用量化方法或質性方法無法達成的？」我們必須承認，在撰寫方法論或實徵研究文章時，個別融合方法研究者並非總是具體而外顯地談及價值的問題。不過，瀏覽融合方法研究文獻，還是可以發現，有些作者會談論到有關融合方法研究的價值。

　　舉例而言，Farquhar, Ewing 與 Booth（2011），在其研究論文中，就附上了一個表格，具體詳述融合方法為該研究增添了哪些價值，譬如：

- 透過質性探索，梳理出他們介入處置作法的重要元素；
- 透過質性研究，擴充超越量化研究的限制；
- 使用質性資料，來與量化結果對照比較等。

在思考關於融合方法的價值問題時，建議可以從兩個層次來切入：

1. 從一般的意義來看：融合方法有助於對所欲探討的問題達成更周延的理解，那是單獨只憑量化或質性研究無法達成的。

2. 從比較特殊的層次來看，融合方法的益處可能包括：得以使用質性資料，來幫助解釋量化結果（解釋型序列設計）；先執行質性研究，用來探索哪些問題需要聚焦探究，幫助型塑比較有效的方案或介入活動，或是幫助發掘新的研究變項，而該等變項是研究者在沒有執行探索研究之前，未曾想到的，或是在既存文獻當中付之闕如或隱而未顯的（探索型序列設計）。

在**第 2 章**，我們介紹了，支持採用融合方法的諸多理由，這也是在設計融合方法研究當中的一個重要步驟。

四 研究設計的進展

在融合方法文獻的各種主題當中，討論最廣泛而全面的應該首推研究設計。多年以來，融合方法領域已經發展、引進了許多類型的設計。這些設計當中有許多種不同的名稱，包含諸多不同的實施程序，而且簡易、複雜程度也不盡相同。本書主要介紹的包括：三種基本設計（併列設計、解釋型序列設計、探索型序列設計），以及三種進階設計（介入

設計、社會正義設計、多階段評鑑設計）：

- 併列設計涉及整併質性與量化兩方面的資料集。
- 解釋型序列設計涉及在量化結果之後，緊接著蒐集分析質性資料，從而更詳盡解釋量化結果。
- 探索型序列設計，首先是執行質性探索，據以建立後面量化研究階段所需的工具、測量或介入處置方法等。
- 進階設計乃是以上述基本設計為基礎，再增添某些研究設計元素。比方說，增添的元素可能是，實驗介入架構（那就構成介入設計、社會正義設計、多階段評鑑設計）、倡權或社會正義觀點（那就構成社會正義設計），或是方案評鑑的元素（那就構成多階段評鑑設計）。

目前，關於融合方法設計還有一些有趣的發展，就是已經有若干程序圖，可供研究者使用來作為研究發表的輔助材料。而且也發展出許多程序以及具體而詳細定義的實施步驟，可用來執行這些設計。再者，也辨識了執行這些設計可能遭遇的潛在效度威脅。

在第 4 章，我們介紹了若干類型的融合方法設計，並且提供個別設計的定義、描述實施的程序，以及每一種設計的圖解。

執行融合方法研究必備的技巧

我們知道，融合方法研究需要投入頗多時間與資源，因為必須蒐集多種形式的資料，執行多樣化的分析程序。所以，從事這種方法的研究其本質上就充滿挑戰。

此外，我們發現還有其他的主要挑戰，包括：個別研究者對於其中某些研究取徑的知識、技能有所欠缺，以及哲學取向紛歧不一。對於擅長量化取徑的研究者，譬如：流行病學家、生物統計學家，我們必須提供補足質性研究的基本技巧。相對地，質性研究者需要對於統計感到自在，能夠重視運用數據資料來繪製趨勢、變項的關聯，或是組別的對照比較。

在**第 3 章**，我回顧檢視了，執行融合方法研究必備的技巧。

 使用哲學和理論來建立研究架構

在融合方法社群的討論當中，有許多談到融合方法哲學取向的價值、類型、使用，以及理論的使用。

首先，在哲學取向方面，許多乃是用來提供融合方法研究的核心基礎。有些研究者主張單一哲學取向，有些研究者則是討論多元哲學。隨著新的哲學取向陸續發展而出，融合方法研究者面臨的一個關鍵問題就是，他們在研究當中是否有將個人的哲學預設外顯化。在這方面，是否外顯化當然還可能因為領域不同而有所差異。

其次，在理論方面，有許多社會理論和行為理論已經廣為採用，來作為融合方法的研究架構。在社區研究領

域，有一種相當流行的研究取徑，稱為社區本位參與研究（community-based participatory research，簡稱 CBPR），就可提供融合方法研究架構，促使社區成員參與投入研究全程的各個面向。除了社會理論和行為理論之外，我們也看到許多轉化型或倡權類型的理論，譬如：女性主義理論、失能理論、種族理論，這些理論也提供了融合方法研究架構。近來，也有越來越多討論，如何將這類理論架構——社會理論、行為理論或轉化型的理論——編織進入融合方法的研究設計，以及如何撰寫如此的研究。

在第 2 章，我請你考量如何在融合方法的設計當中，加入若干步驟，以便具體明確釐定你所秉持的哲學取向、世界觀與／或理論。

🌀 融合方法研究問題

融合方法的另一項創新，就是提出了一種新類型的研究問題：融合方法研究問題。在此之前，任何研究方法書籍都未曾發現有這種研究問題。如果我們使用某種特定的融合方法設計，那我們提出的問題就不單純是量化的研究問題，或質性的研究問題，而是兼容這兩種取徑的融合方法問題。在良好的融合方法研究，除了列出量化問題和質性問題之外，我們更必須具體明確指出融合方法的研究問題，並且要能夠將該等融合方法的研究問題，連結到所使用的融合方法設計類型。

在第 6 章，我介紹了融合方法研究問題的概念，以及如何將融合方法研究問題，連結到所使用的融合方法設計類型。

 聯合展示

目前，有關質性與量化資料分析的議題討論，已獲得越來越多的關注。比方說，我們如何將質性研究產生的文本資料，和量化研究產生的數據資料，予以合併（merge）或整合（integrate）？要合併或整合這兩種形式的資料，或許可以訴諸聯合展示（joint display）。這兩種資料的聯合展示，或許可以安排在【討論】章節〔此即所謂的「併列聯合展示」（side-by-side joint display）〕，或是陳列在表格或圖解當中。

目前，已經有許多可供採用的聯合展示作法，比方說：把質性結果發掘的主題，安排在圖表的一個維度，而把量化結果各種類別的數據資料，安排在圖表的另外一個維度。電腦軟體的發展也帶來了許多創新的展示方式，比方說，質性資料分析軟體 MAXQDA（Verbi GmbH, 2013），就有針對融合方法提供可下拉的功能選單，可用來輔助分析融合方法的資料，以及建立各種聯合展示。

在第 7 章，我介紹了諸如此類的聯合展示，提供一個例子作為示範說明，並討論聯合展示對於融合方法的重要性。

九 融合方法研究的撰寫與發表

目前，文獻已經可以找到許多融合方法的實徵研究，其中提供了不少優秀的論文寫作範本，並且也得以參考融合方法研究的論文應該包含哪些組成元素。比方說：

‧我們現在會花費心思，去擬出良好的融合方法研究標

題、研究目的宣言,以及研究問題(包括:量化研究
問題、質性研究問題、融合方法研究問題)。
‧再者,我們也詳細討論融合方法的實施程序,譬如:
量化和質性資料的類型、如何整合量化與質性資料
集,以及使用融合方法的參考文獻。

　　關於如何發表融合方法研究論文,也已經有發展提出
若干建議與注意事項,尤其是針對期刊編審要求短篇幅的論
文,比方說,文長限制在 3,000 個英文字以內。我們也學會
了,如何將融合方法研究拆開來,分別投稿發表量化論文、
質性論文,以及融合方法論文。我們也知道,如何將融合方
法研究濃縮改寫,使其符合某些期刊規定的投稿字數限制,
譬如:3,000 至 6,000 個英文字。在某些社會科學期刊,就
沒有必要進行如此的濃縮改寫,比方說,《融合方法研究期
刊》(*Journal of Mixed Methods Research*),容許論文篇幅
8,000 到 10,000 個英文字之間。
　　在**第 8 章**,我回顧檢視了,如何撰寫可以投稿期刊發
表的融合方法論文,其中具體詳述了,針對融合方法各種基
本設計與進階設計〔包括:併列設計、解釋型序列設計、探
索型序列設計、介入設計、社區本位參與研究(CBPR)融
合方法設計〕的研究報告組織寫法,包括:【方法】、【結
果】、【討論】等章節。

✚ 品質標準

最後,關於融合方法研究的品質,目前也已經發展出若

干標準，可供參考評鑑使用。在使用這類標準時，應該視為概括性的一般準則，而不宜當成絕對不可逾越的硬性規定。在融合方法領域，有若干作者已經建立了有用的準則，而近年來，美國聯邦政府也發布了若干關於研究實務品質的規範。

- 美國國家科學基金會發布了一份文件，「融合方法評鑑使用者友善手冊」（User-Friendly Handbook for Mixed Method Evaluations），提供融合方法研究的評鑑準則。
- 美國國家衛生研究院的行為科學與社會科學研究局，則成立一個任務小組，研擬衛生科學領域實施融合方法研究的「最佳實務」，結果公布在網站「衛生科學融合方法研究最佳實務」（Best Practices for Mixed Methods Research in the Health Sciences）（https://obssr-archive.od.nih.gov/mixed_methods_research）。

關於融合方法研究的品質規範，需要明確規定到何種具體明細且不可逾越的程度，這當然存在著見仁見智的論辯空間。不過，就我們指導研究生的經驗來看，碩、博士研究生多半覺得有這方面的準則是件好事，可以讓他們有所依循，比較能夠按部就班，順利完成碩、博士論文研究計畫書、研討會論文發表、期刊論文投稿、申請研究獎助。

在第 9 章，我們討論了融合方法研究的品質標準，並且針對高品質的融合方法研究應該納入哪些組成元素，提出了若干具體明確的建議。

第 2 節　數位年代的融合方法

　　目前，關於融合方法的任何工作坊、課程或書籍，內容都需要提出探討，最近十年左右，此領域持續發展演進了重要科學程序。這些程序對於提升融合方法研究的執行相當重要，譬如：擬出多元研究取徑的大綱、併列對照比較不同的研究取徑、使用實務例子，還有最重要的就是，使用者友善的研究報告撰寫模式。

　　再者，當今的研究方法還需要充分利用各種科技輔助工具。事實上，融合方法可以稱得上是當代各種主要研究方法論之中，頭一個最能充分利用數位科技功能的，包括：數位化的流程圖、電腦軟體分析，以及全球各地的人們之間的網路溝通，他們可能沒有管道接觸新近出版的融合方法書籍、研習會、工作坊或學者專家。

　　諸如此類的創新，見證了融合方法進展與推廣的有利條件，那是先前 1970、1980、1990 年代發跡的其他方法論（例如：後設分析、參與行動研究）無緣擁有的。這也意味著，在全球資訊網絡的口耳相傳之下，融合方法將能夠以前所未聞的速度，傳遍各種領域以及全世界。在此同時，對於想要使用融合方法的研究者，更有必要隨時跟上最新的科學發展新頁，以便能夠有效規劃與執行良好的融合方法研究。

❖ **本章建議**

　　在規劃融合方法研究案時，很重要的是能夠善加利用，這些年來此領域在科學與技術方面的進展。請參考使用下列

問題，來檢核你的融合方法研究計畫：

- 我的研究是否包含，融合方法研究的核心特徵？
- 我對於融合方法領域的專業術語是否熟悉，並且運用自如？
- 我是否熟悉，融合方法研究的價值，並能提出有效的論述，來說服他人接受這樣的研究方法？
- 我使用的融合方法設計是否獲得普遍的認可？
- 我是否瞭解，使用這種融合方法設計可能遭逢的挑戰？
- 我是否有在融合方法研究當中，融入某種哲學或理論？
- 我的融合方法設計將可回答，什麼樣的融合方法研究問題？
- 我如何整合、展示量化與質性資料？
- 我是否熟悉，已發表研究當中的融合方法組成元素？
- 我如何決定，我所做的融合方法研究是否達到高品質或評鑑標準？

❖ 延伸閱讀

【融合方法的創新發展】

1. Creswell, J. W. (in press). Revisiting mixed methods and advancing scientific practices. In S. N. Hesse-Biber and R. B. Johnson (Eds.), *The Oxford handbook of mixed and multiple research methods*. Oxford, UK: Oxford University Press.

【發表融合方法研究論文的輔助資源】

2. Stange, K. C., Crabtree, B. F., & Miller, W. L. (2006). Publishing multimethod research. *Annals of Family Medicine*, *4*, 292-294.

【美國國家衛生研究院行為科學與社會科學研究局，推薦的「最佳實務」】

3. Creswell, J. W., Klassen, A. C., Plano Clark, V. L., & Smith, K. C., for the Office of Behavioral and Social Sciences Research. (2011, August). *Best practices for mixed methods research in the health sciences*. Washington, DC: National Institutes of Health. 讀取自：http://obssr.od.nih.gov/mixed_methods_research

【融合方法研究最主要的手冊】

4. Tashakkori, A., & Teddlie, C. (Eds.) (2010). *SAGE handbook of mixed methods in social and behavioral research*. (2nd ed.). Thousand Oaks, CA: Sage.

【專門發表融合方法研究的主要期刊】

5. *Journal of Mixed Methods Research* (http://mmr.sagepub.com/)

6. *International Journal of Multiple Research Approaches* (http://pubs.e-contentmanagement.com/loi/mra)

【聯合展示的範例】

7. Creswell, J. W., & Plano Clark, V. L. (2011). *Designing and conducting mixed methods research* (2nd ed.). Thousand Oaks, CA: Sage.

8. Plano Clark, V. L., Garrett, A. L., & Leslie-Pelecky, D. L. (2009). Applying three strategies for integrating quantitative and qualitative databases in a mixed methods study of a nontraditional graduate education program. *Field Methods*, *22*, 154-174.

參考書目

Brannen, J., & Moss, G. (2012). Critical issues in designing mixed methods policy research. *American Behavioral Scientist, 56*, 789-801. doi: 10.1177/0002764211433796

Brown, J., Sorrell, J. H., McClaren, J., & Creswell, J. W. (2006). Waiting for a liver transplant. *Qualitative Health Research, 16*, 119-136. doi: 10.1177/1049732305284011

Bryman, A. (2006). Integrating quantitative and qualitative research: How is it done? *Qualitative Research, 6*, 97-113. doi: 10.1177/1468794106058877

Creswell, J. W. (2012). *Educational research: Planning, conducting, and evaluating quantitative and qualitative research* (4th ed.). Boston, MA: Pearson.

Creswell, J. W. (2013). *Qualitative inquiry and research design: Choosing among five approaches* (3rd ed.). Thousand Oaks, CA: Sage.

Creswell, J. W. (2014). *Research design: Qualitative, quantitative, and mixed methods approaches* (4th ed.). Thousand Oaks, CA: Sage.

Creswell, J. W. (in press). Revisiting mixed methods and advancing scientific practices. In S. N. Hesse-Biber & R. B. Johnson (Eds.), *The Oxford handbook of mixed and multiple research methods*. Oxford, UK: Oxford University Press.

Creswell, J. W., Fetters, M. D., Plano Clark, V. L., & Morales, A. (2009). Mixed methods intervention trials. In S. Andrew & E. J. Halcomb (Eds.), *Mixed methods research for nursing and the health sciences* (pp. 161-180). Oxford, UK: John Wiley & Sons.

Creswell, J. W., Klassen, A. C., Plano Clark, V. L., & Smith, K. C. (2011). Best practices for mixed methods research in the health sciences. Washington, DC: National Institutes of Health. Available online: http://obssr.od.nih.gov/mixed_methods_research/

Creswell, J. W., & Plano Clark, V. L. (2011). *Designing and conducting mixed methods research* (2nd ed.). Thousand Oaks, CA: Sage.

Creswell, J. W., & Zhang, W. (2009). The application of mixed methods designs to trauma research. *Journal of Traumatic Stress, 22*, 612-621. doi: 10.1002/jts.20479

Dahlberg, B., Wittink, M. N., & Gallo, J. J. (2010). Funding and publishing integrated studies: Writing effective mixed methods manuscripts and grant proposals. In A. Tashakkori & C. Teddlie (Eds.), *SAGE handbook of mixed methods in social and behavioral research*. Thousand Oaks, CA: Sage.

DeVellis, R. F. (2012). *Scale development: Theory and applications* (3rd ed.). Thousand Oaks, CA: Sage.

Farquhar, M. C., Ewing, G., & Booth, S. (2011). Using mixed methods to develop and evaluate complex interventions in palliative care research. *Palliative Medicine, 25*, 748-757. doi: 10.1177/0269216311417919

Fetters, M. D., Curry, L. A., & Creswell, J. W. (2013). Achieving integration in mixed methods designs—Principles and practices. *Health Services Research, 48,* 2134-2156. doi: 10.1111/1475-6773.12117

Fowler, F. J., Jr. (2008). *Survey research methods* (4th ed.). Thousand Oaks, CA: Sage.

Frechtling, J. (2002). The 2002 user-friendly handbook for project evaluation Arlington, VA: The National Science Foundation. Available online: http://www .nsf.gov/pubs/2002/nsf02057/start.htm

Guba, E. G. (1990). The alternative paradigm dialog. In E. G. Guba (Ed.), *The paradigm dialog* (pp. 17-30). Newbury Park, CA: Sage.

Guetterman, T., Creswell, J. W., & Kuckartz, U. (in press). Using visual displays in mixed methods research. In M. McCrudden, G. Schraw, and C. Buckendahl (Eds.), *Use of visual displays in research and testing: Coding, interpreting, and reporting data.* Charlotte, NC: Information Age Publishing.

Ivankova, N. V., Creswell, J. W., & Stick, S. L. (2006). Using mixed-methods sequential explanatory design: From theory to practice. *Field Methods, 18,* 3-20. doi: 10.1177/1525822X05282260

Ivankova, N. V., & Stick, S. L. (2007). Students' persistence in a distributed doctoral program in educational leadership in higher education: A mixed methods study. *Research in Higher Education, 48,* 93-135. doi: 10.1007/s11162-006-9025-4

Johnson, R. B., Onwuegbuzie, A. J., & Turner, L. A. (2007). Toward a definition of mixed methods research. *Journal of Mixed Methods Research, 1,* 112-133. doi: 10.1177/1558689806298224

Kuhn, T. S. (1962). *The structure of scientific revolutions.* Chicago, IL: University of Chicago Press.

Leech, N. L., Dellinger, A. B., Brannagan, K. B., & Tanaka, H. (2009). Evaluating mixed research studies: A mixed methods approach. *Journal of Mixed Methods Research, 4,* 17-31. doi: 10.1177/1558689809345262

Lipsey, M. W. (1990). *Design sensitivity: Statistical power for experimental research.* Newbury Park, CA: Sage.

Maxwell, J. A. (2013). *Qualitative research design: An interactive approach* (3rd ed.). Thousand Oaks, CA: Sage.

Morse, J. M. (1991). Approaches to qualitative-quantitative methodological triangulation. *Nursing Research, 40,* 120-123.

Morse, J. M. (2003). Principles of mixed methods and multimethod research design. In A. Tashakkori & C. Teddlie (Eds.), *Handbook of mixed methods in social & behavioral research* (pp. 189-208). Thousand Oaks, CA: Sage.

Morse, J. M., & Niehaus, L. (2009). *Mixed methods design: Principles and procedures.* Walnut Creek, CA: Left Coast Press.

O'Cathain, A. (2009). Reporting mixed methods projects. In S. Andrew & E. J. Halcomb (Eds.), *Mixed methods research for nursing and the health sciences* (pp. 135-158). West Sussex, UK: Blackwell.

O'Cathain, A., Murphy, E., & Nicholl, J. (2008a). Multidisciplinary, interdisciplinary, or dysfunctional? Team working in mixed-methods research. *Qualitative Health Research, 18,* 1574-1585.

O'Cathain, A., Murphy, E., & Nicholl, J. (2008b). The quality of mixed methods studies in health services research. *Journal of Health Services Research & Policy, 13,* 92-98. doi: 10.1258/jhsrp.2007.007074

Onwuegbuzie, A. J. (2012) Putting the MIXED back into quantitative and qualitative research in educational research and beyond: Moving towards the "radical middle". *International Journal of Multiple Research Approaches, 6,* 192-219.

Plano Clark, V. L., & Badiee, M. (2010). Research questions in mixed methods research. In A. Tashakkori & C. Teddlie (Eds.), *SAGE Handbook of mixed methods in social & behavioral research* (2nd ed., pp. 275-304). Thousand Oaks, CA: Sage.

Plano Clark, V. L., Garrett, A. L., & Leslie-Pelecky, D. L. (2009). Applying three strategies for integrating quantitative and qualitative databases in a mixed methods study of a nontraditional graduate education program. *Field Methods, 22,* 154-174. doi: 10.1177/1525822X09357174

Rossi, P. H., Lipsey, M. W., & Freeman, H. E. (2004). *Evaluation: A systematic approach.* Thousand Oaks, CA: Sage.

Rossman, G. B., & Wilson, B. L. (1985). Numbers and words: Combining quantitative and qualitative methods in a single large-scale evaluation study. *Evaluation Review, 9,* 627-643. doi: 10.1177/0193841X8500900505

Sandelowski, M. (2003). Tables or tableaux? The challenges of writing and reading mixed methods studies. In A. Tashakkori & C. Teddlie (Eds.), *Handbook of mixed methods in social & behavioral research* (pp. 321-350). Thousand Oaks, CA: Sage.

Schifferdecker, K. E., & Reed, V. A. (2009). Using mixed methods research in medical education: Basic guidelines for researchers. *Medical Education, 43,* 637-644. doi: 10.1111/j.1365-2923.2009.03386.x

Schulz, K. F., Altman, D. G., & Moher, D. (2010). CONSORT 2010 Statement: Updated Guidelines for Reporting Parallel Group Randomized Trials. *Annals of Internal Medicine, 152,* 726-732. doi: 10.7326/0003-4819-152-11-201006010-00232

Shadish, W. R., Cook, T. D., & Campbell, D. T. (2002). *Experimental and quasi-experimental designs for generalized causal inference.* Boston: Houghton Mifflin.

Stange, K. C., Crabtree, B. F., & Miller, W. L. (2006). Publishing multimethod research. *Annals of Family Medicine, 4,* 292-294. doi: 10.1370/afm.615

Stewart, M., Makwarimba, E., Barnfather, A., Letourneau, N., & Neufeld, A. (2008). Researching reducing health disparities: Mixed-methods approaches. *Social Science & Medicine, 66,* 1406-1417. doi: 10.1016/j.socscimed.2007.11.021

Tashakkori, A., & Teddlie, C. (Eds.). (2010). *SAGE handbook of mixed methods in social & behavioral research* (2nd ed.). Thousand Oaks, CA: Sage.

Verbi GmbH. (2013). MAXQDA. Retrieved from http://www.maxqda.com/

Wittink, M. N., Barg, F. K., & Gallo, J. J. (2006). Unwritten rules of talking to doctors about depression: Integrating qualitative and quantitative methods. *Annals of Family Medicine, 4,* 302-309. doi: 10.1370/afm.558

專業術語

Advanced designs 進階設計

融合方法研究設計的進階類型，是採用基本設計（併列設計、解釋型序列設計，或是探索型序列設計）作為基礎，在當中加入進階的研究設計要素。比方説，可能是將基本設計建立成為較大的研究架構（例如：將併列程序建立成為實驗設計），或是在基本設計當中加入某種理論（譬如：女性主義理論），或是建立成為某種縱貫時間的總研究計畫（在縱貫型的總研究計畫當中使用多元的研究）。

Basic designs 基本設計

所有融合方法研究都會使用到這些設計當中的某一種，作為其研究設計的基礎。基本設計包括三種：(1) 併列設計，意圖是要合併量化與質性資料；(2) 解釋型序列設計，意圖是要藉由質性資料來解釋量化結果；(3) 探索型序列設計，意圖是要先執行質性方法的探索，然後據以建立量化階段所需的研究工具、測量、介入等元素，最後再針對較大樣本，執行量化研究，用來檢驗初探發現的質性主題。

Convergent design 併列設計

這是融合方法研究三種基本設計當中的一種。這種設計涉及分開蒐集量化與質性資料，分析與合併這兩方面的資料集，對照比較其結果。在典型的併列設計中，研究者試圖解

釋或化解量化與質性資料集之間的任何差異。

Data transformation 資料轉化

　　資料轉化是指，融合方法研究者蒐集質性資料（例如：訪談資料），然後轉化成為量化資料（例如：質性資料集當中出現某一編碼的次數）。在融合方法研究，經過轉化處理的質性資料（新產生的量化資料集），就可以用來與另一組量化資料集進行比較，或是合併為一。

Diagram of procedures 程序圖

　　在融合方法研究，研究者經常會把研究設計繪製成圖。在圖形當中，可能會標示出活動的行進方向、資料蒐集、分析與詮釋等程序當中採用的特定步驟。有時候，可能會使用諸如：QUAL（質性方法為主）和 QUAN（量化方法為主），或融合方法研究領域使用的其他繪圖記號。

Epistemology 知識論

　　這種概念是關於人們使用來做出知識宣稱的證據類型，包括：研究者和參與者之間的關係（例如：中立、保持距離，或是協同合作）。

Explanatory sequential design 解釋型序列設計

　　這是融合方法的一種基本設計類型，其意圖是要先使用量化方法，之後使用質性方法，來幫助更深入解釋量化結果。這是一種相當普遍採用，而且直截了當的融合方法設計。

Exploratory sequential design 探索型序列設計

這是融合方法的一種基本設計類型，典型的探索型序列設計涉及三個階段：第一階段，先執行質性資料蒐集來探索某主題。然後分析質性資料，再將結果用來建立第二階段量化資料蒐集程序，可能是用來設計量化工具、介入處置程序，或是發展量化變項。接下來，第三階段，使用前一階段發展設計的量化工具、介入或變項，來執行量化資料蒐集與分析程序。

Integration 整合

在融合方法研究，整合是指將質性和量化分段的結果予以合併。研究者結合資料的作法，必須取決於使用的融合方法設計類型。整合的方式包括：合併（merging）、解釋、建立（building）、及嵌入（embedding）。

Intervention design 介入設計

這是融合方法的一種進階設計類型，意圖是要透過執行實驗或介入試驗，並且將質性資料加入其中，以此來探討研究問題。質性資料的蒐集時間點，可能在實驗或介入試驗之前、期間或之後。所蒐集到的質性資料透過嵌入，而與實驗或介入試驗整合。

Joint display 聯合展示

這是融合方法研究呈現資料的一種程序，基本上採用併列設計，目的是要將分開蒐集、分析的量化與質性資料集予以結合。聯合展示可能採用表格或圖形的方式，來描繪量化與質性資料蒐集的結果（例如：將質性主題和量化的範疇變

項，併列呈現在相對應的表格欄位；或是針對研究檢視的特定構念，將質性訪談問題與量化調查題項，併列呈現在相對應的表格欄位，用以反映關於該等構念的研究發現結果）。

Methodology 方法論

涵蓋研究的哲學基礎，到詮釋與推廣傳播的所有元素和過程。

Methods 方法

資料蒐集、分析與詮釋的特定程序。

Mixed methods design 融合方法設計

涵蓋融合方法研究程序所有面向的一種設計，包括：哲學基礎、研究問題，乃至於資料蒐集、分析與詮釋。在這種設計中，融合方法研究的方法就是研究者使用來蒐集資料、分析資料、呈現資料（例如：表格和圖形），以及詮釋資料的程序。

Mixed methods research 融合方法研究

社會科學、行為科學、衛生科學領域的一種研究取徑，研究者蒐集量化（封閉式）與質性（開放式）資料，整合兩方面資料集，從中做出詮釋，用來取得對於研究問題的較佳理解。

Mixed methods research question 融合方法研究問題

在融合方法研究中，使用融合方法設計來探討解答的問題。融合方法問題可能如後：「這兩方面的資料集如何比較？」（併列設計）；「量化結果如何藉由質性發現來做出

進一步的解釋」（解釋型序列設計）；「探索主題（由小群體樣本蒐集質性資料的發現）如何可能概化類推到母群的較大樣本」（探索型序列設計）。

Mixed methods sampling 融合方法的抽樣

融合方法研究當中，特定類型的基本設計或進階設計，所採用的抽樣程序，包括：嚴謹的量化抽樣、良好的質性立意抽樣，以及適配特定設計類型的融合方法抽樣。

Multistage evaluation design 多階段評鑑設計

這是融合方法的一種進階設計類型，其中可能涉及一種或多種基本設計。這種設計的意圖是要，執行縱貫研究來評鑑方案或活動實施的成效。此種設計涉及縱貫研究許多階段，並且以評鑑作為研究的核心目標。

Ontology 本體論

關於研究當中現實本質的概念，例如：多元現實或一元現實。

Pragmatism 實用論

在研究中，實用論是指一種哲學理念，主張聚焦研究、問題的有用結果，以及什麼實務作法在真實世界能夠發揮實際效用。

Qualitative data 質性資料

質性研究蒐集的資料類型，通常是指稱「文本」（text）資料，譬如：訪談蒐集，然後轉謄成逐字稿的資訊。另外也可能是「圖像」資料，譬如：照片或錄影。廣義而

言，我們可以將質性資料視為「開放式」（open-ended）資料，研究者從參與者蒐集資訊，但沒有列出明確擬定的答案選項（譬如：非常同意、非常不同意等），以供圈選作答。典型的質性資料，包括：開放式訪談資料、開放式觀察資料、文件（譬如：日記、書信、會議紀錄）、影音材料（譬如：照片、錄音、錄影）、人造物件（artifacts）、網路資訊等。

Quantitative data 量化資料

量化研究蒐集的資料類型，通常是指稱「數量化」（numeric）資料或「數字」。廣義而言，量化資料應該可視為「封閉式」（closed-ended）資訊，譬如：調查研究中，透過參與者勾選正確的答案，從而獲得的資訊類型。量化資料可能是測量工具報告的資訊，或是研究者使用檢核表觀察勾選的結果，或是在報告、文件當中現存可用的數量化資訊（例如：戶口普查資料、出勤資料）。

Random sampling 隨機抽樣

量化研究的一種抽樣方式，研究者使用隨機程序來選取參與者樣本，以期選取的參與者具有母群代表性。

Rationale for mixed methods 支持使用融合方法的理由

這是在融合方法研究中的一種宣言，用來提出理由支持應該蒐集量化與質性兩方面的資料集，以及應該採用融合方法設計。所提出的理由應該直接關聯到所採用的設計類型（例如：採用「併列設計」，是為了要「對照比較」這兩方面的資料集；採用「解釋型序列設計」，是為了要以質性資

料來「解釋」量化結果;採用「探索型序列設計」,是為了要「探索」取得質性資料,以便發展設計量化研究所需的工具、介入或變項)。

Sampling in mixed methods research 融合方法研究的抽樣

在融合方法研究中,研究者抽選量化與質性分段的研究參與者(以及研究地點)的程序。針對每一種融合方法設計類型,研究者會採用特定的抽樣策略。

Saturation 飽和

飽和是指,在資料蒐集時,研究者已經從若干參與者蒐集到相當的資料,接下來,從新的參與者蒐集到的資料,再也沒能發展出有顯著增益,對於研究問題進一步理解的新編碼或主題。

Social justice design 社會正義設計

為融合方法的一種進階設計類型,建立在其中一種基本設計之上,意圖是要使用某種涵蓋整個研究的社會正義架構(例如:女性主義或批判種族理論)來探討某一問題,以便改善社會中某些群體或個人的生活。研究者將該等社會正義架構交織貫穿整個融合方法研究的諸多面向,並且始終是研究的焦點所在。

Strand 分段

分段是指,融合方法研究當中的質性或量化組成元素。

索引

A

Acculturation theory　涵化理論　028

Advanced designs　進階設計
　description of　的描述　023, 085
　intervention design　介入設計。請參閱 Intervention design　介入設計
　multistage evaluation design　多階段評鑑設計。請參閱 Multistage evaluation design　多階段評鑑設計
　overview of　的綜覽　096
　sampling for　……的抽樣　131
　social justice design　社會正義設計。請參閱 Social justice design　社會正義設計

Advocacy theory　倡權理論　028

Aim, of study　研究目的　022, 032, 033, 041

Articles　論文。請參閱 Mixed methods articles　融合方法論文

Audience　讀者群　100, 103

B

Basic designs　基本設計
　convergent design　併列設計。請參閱 Convergent designs　併列設計
　description of　的描述　023, 085
　explanatory sequential design　解釋型序列設計。請參閱 Explanatory sequential designs　解釋型序列設計

exploratory sequential design
探索型序列設計。請參閱
Exploratory sequential de-
signs 探索型序列設計

Behavioral theoretical model
行為理論模式 012

Behavioral theories 行為理論
185, 186

Beliefs 信念 012, 025, 026,
027

Best practices 最佳實務
104, 179, 189, 192

"Best Practices for Mixed Meth-
ods Research in the Health
Sciences" 「衛生科學融
合方法研究的最佳實務」
（NIH, OBSSR, 2011） 170

Booth, S. 布斯 182

Bryman, A. 布萊曼 138

Building into a quantitative in-
strument or measure 建立
量化工具或測量 136

Building of data 資料的建立
133

Case study qualitative research
質性個案研究 123

Central phenomenon 核心現
象 046, 048

Closed-ended scales 封閉式
量表 043

Community-based participatory
research 社區本位參與研
究 028, 154, 186, 188

Confirming/disconfirming sam-
pling 驗證性／否證性抽
樣 123

CONSORT guidelines 《CON-
SORT 準則》（醫療領域的
「試驗報告聯合標準」）
008, 043

Convergent designs 併列設計
characteristics of 的特徵
003

definition of 的定義 079,
081

description of 的描述
023, 085

diagram of 的圖解 030,

033, 069, 081, 083, 091, 092, 093, 095

empirical articles for ⋯⋯ 的實徵研究論文　149

integration with ⋯⋯ 的整合　135

intent of　的意圖　053, 056, 057, 059, 061, 066, 070, 072, 076

intervention design using example of　使用⋯⋯例子的介入設計　089

procedures for conducting 執行程序　041

research question　研究問題　097, 099, 100, 102, 107, 108, 109, 110, 111, 112, 113, 114, 115, 116

sampling in　在⋯⋯的抽樣　119

validity threats in　在⋯⋯的效度威脅　031

Core characteristics　核心特徵　006, 037, 180, 181, 191

Crabtree, B. F.　柯柏崔　157, 192

Creswell, J. W.　克雷斯維爾　013, 034, 051, 076, 096, 116, 138, 139, 156, 175, 191, 192

Data　資料

integration of　的整合　004, 011, 117, 119, 132, 133, 134, 135, 136, 137, 138　請參閱 Integration 整合

unobtrusive　干擾式　068

Data analysis　資料分析

qualitative　質性的　096

quantitative　量化的　032, 034, 068, 077, 090, 096, 105, 106, 107, 112, 113, 114

types of　的類型　022

Data collection　資料蒐集

qualitative　質性的　004, 009, 012, 038, 047, 057, 058, 077, 078, 096

quantitative　量化的　004, 005, 068, 077, 090, 096

types of 的類型 022

Design Sensitivity 《設計的
敏感度》（Lipsey, 1990）
122

Designing and Conducting
Mixed Methods Research
《融合方法研究的設計與
執行》（Creswell & Plano
Clark, 2011） 030

Designs 設計。請參閱 Mixed
methods designs 融合方法
設計

Diagrams 圖解
of convergent design 併列
設計的 057, 085, 091,
092, 124, 125, 126, 135
definition of 的定義 079,
081
description of 的描述
023
drawing of 的繪圖 082,
087
elements in 在……的要素
084
of explanatory sequential de-
sign 解釋型序列設計的

060, 061, 092, 127
of exploratory sequential de-
sign 探索型序列設計的
062, 064, 115, 129
horizontal orientation of 的
水平構圖 085
of intervention design 介入
設計的 067, 068, 069
notations for ……的圖說記
號 082
procedures and products add-
ed in 附加在……的程序
和產物 093
simplicity of 的簡潔
085, 086
single page for 對於……
的單頁 086
timeline of 的時間軸
086
title of 的標題 090
tools for drawing 用於……
繪圖的工具 082
use of 的使用 081
vertical orientation of 的垂
直構圖 085
visual models of 的視覺模

式 087

Digital age 數位年代 177, 190

Displays 展示 058, 117, 135, 136, 137, 138, 180, 187, 191, 192, 201

E

Embedding of data 資料的嵌入 134

Empirical articles 實徵研究論文

　for convergent design structure 併列設計的論文結構 150

　definition of 的定義 164, 166, 168, 175

　description of 的描述 023, 085

　for explanatory sequential design structure 解釋型序列設計的論文結構 151

　for exploratory sequential design structure 探索型序

列設計的論文結構 152

　for intervention design structure 介入設計的論文結構 153

　Journal of Mixed Methods Research criteria for 《融合方法研究期刊》……的審查 166, 167

Empirical study 實徵研究 146-149

Epistemology 知識論 003, 025

Ethnographic theory of acculturation 以涵化理論為出發點的俗民誌研究 028

Evaluative standards 評鑑標準。請參閱 Standards of quality 品質的標準

Ewing, G. 尤英 182

Experiments 實驗 038, 042, 043, 044, 046, 061, 062, 066, 067, 068, 069, 074, 075, 076

Explanatory sequential designs 解釋型序列設計

　characteristics of 的特徵

003

description of　的描述
085

diagram of　的圖解　081,
083, 091, 092, 093, 095

empirical articles for　的實
徵研究論文　149

intent of　的意圖　053,
056, 057, 059, 061, 066,
070, 072, 076

joint display for, integration
in　用於……的聯合展
示，在……的整合　135

procedures for conducting
執行程序　041

quantitative strand used in
使用於……的量化分段
059

research question　研究問
題　097, 099, 100, 102,
107, 108, 109, 110, 111,
112, 113, 114, 115, 116

sampling in　的抽樣　117,
119, 120, 121, 122, 123,
124, 126, 127, 128, 129,
131, 138

script for　的腳本　097,
099, 115

social justice design using
example of　使用……例
子的社會正義設計　090

validity threats in　的效度
威脅　031

Exploratory sequential designs
探索型序列設計

characteristics of　的特徵
003

description of　的描述
085

diagram of　的圖解　069,
081, 083, 091, 092, 093,
095

empirical articles for　的實
徵研究論文　146

instrument construction for
工具的建構　064

intent of　的意圖　061

multistage evaluation design
using example of　使
用……例子的多階段評鑑
設計　090

phases of　的階段　075

procedures for conducting
執行程序 041

research question 研究問
題 097, 099, 100, 102,
107, 108, 109, 110, 111,
112, 113, 114, 115, 116

rigor of 的嚴謹度 064

sampling in 在……的抽樣
119

validity threats in 的效度
威脅 031

F

Farquhar, M. C. 法奎爾
182

Follow-up results joint display
追蹤結果的聯合展示 137

Frameworks 架構 011, 012

G

Grounded theory research 扎
根理論研究 124

Guidelines 準則 161, 162,
163, 164, 165, 166, 168, 169,

170, 174

H

Health sciences, standards in
衛生科學，在……的標準
163

Horizontal orientation, of dia-
gram 水平構圖，圖解的
085

Hybrid mixed methods question
混種的融合方法問題 114

Hypotheses 假說 108, 109,
110

I

Innovations 創新 190, 191

Institutional review board (IRB)
機構審查委員會；研究倫
理審查委員會，簡稱 IRB
121

Integration 整合

definition of 的定義 132

description of 的描述
023

in joint display 在聯合展示 135

locations of 的位置 132

in mixed methods study 在融合方法研究 119, 120, 124, 131, 132

representation of 的呈現 136, 145

types of 的類型 132, 136

Intent, of study 研究的意圖 076, 105, 115

International Journal of Multiple Research Approaches《國際多元研究取徑期刊》143, 179, 192

Intervention design 介入設計

description of 的描述 023

diagram of 的圖解 069, 081, 083, 091, 092, 093, 095

empirical articles for 的實徵研究論文 145, 146

experiment in 在……的實驗 066, 067

intent of 的意圖 053,

056, 057, 059, 061, 066, 070, 072, 076

procedures for conducting 執行程序 041

research question 研究問題 097, 099, 100, 102, 107, 108, 109, 110, 111, 112, 113, 114, 115, 116

sampling in 在……的抽樣 119

Introduction 介紹

audience included in 包含在……的讀者群 103

existing literature included in 包含在……的既存文獻 101

importance of 的重要性 099

problem included in 包含在……的問題 101

script for writing 撰寫……的腳本 099

topic included in 包含在……的主題 100

Johnson, R. B. 強生 013, 175

Joint displays 聯合展示 058, 135, 136, 137, 138, 180, 187, 192, 201

Journal of Mixed Methods Research 《融合方法研究期刊》

　description of 的描述 085

　empirical article criteria 實徵研究文章的審查 166

　methodological article criteria 方法論文章的審查 167

　publication criteria used by 使用的發表判準 144, 187

Journals 期刊

　classes of 的分類 143

　for mixed methods publications 融合方法研究發表的 141

　submission guidelines of 的投稿須知 161

Klassen, Ann 安·克拉森 170, 172

Kuhn, Thomas 托馬斯·庫恩 026

Leader, of mixed methods teams 領導者，融合方法團隊 038-040

Literature 文獻

　existing, for problem 既存的，對於……的問題 101

　mixed methods deficiencies in 在……融合方法的不足 102

Literature review 文獻探討；文獻回顧 041, 102

Maximal variation sampling
　最大變異抽樣　123

MAXQDA　質性資料分析的
　一種電腦軟體　048, 187

Merging of data　合併式的資
　料　133

Method, mixed methods as　方
　法，融合方法的　003, 023

Methodological articles　方法
　論的文章

　description of　的描述
　　023, 085

　*Journal of Mixed Methods
　　Research* criteria for　《融
　　合方法研究期刊》……的
　　審查　167

Methodological issues　方法
　論的議題　119

Methodology　方法論　003

Miller, W. L.　米勒　157, 192

Mixed methods　融合方法

　as method　作爲方法　003

　value of　的價值　180,
　　182, 183, 185, 191

Mixed methods articles　融合
　方法的文章

　condensing of　的考量
　　055, 128

　empirical　實徵的。請參閱
　　Empirical articles　實徵
　　研究的文章

　evaluative criteria for　評鑑
　　判準　144

　length of　的篇幅長度
　　147

　methodological　方法論的
　　003, 024, 026, 096, 115,
　　119, 148, 164, 166

　types of, 的類型　046, 049

Mixed methods deficiencies
　融合方法的不足　102

Mixed methods designs　融合
　方法設計

　advanced　進階的。請參閱
　　Advanced designs　進階
　　設計

　advances in　在……的進展
　　183

　basic　基本　055, 056,
　　059, 063, 065

convergent design 併列設
計。請參閱 Convergent
designs 併列設計
diagram of 的圖解 030,
033
explanatory sequential design
解釋型序列設計。請參閱
Explanatory sequential de-
signs 解釋型序列設計
exploratory sequential design
探索型序列設計。請參閱
Exploratory sequential de-
signs 探索型序列設計
intervention design 介入設
計。請參閱 Intervention
design 介入設計
multistage evaluation design
多階段評鑑設計。請參
閱 Multistage evaluation
design 多階段評鑑設計
selection of 的選擇 029,
050, 062
social justice design 社會
正義設計。請參閱 Social
justice design 社會正義
設計

types of 的類型 008,
009, 011, 070
Mixed methods publications
融合方法的發表
articles 文章。請參閱
Mixed methods articles
融合方法的文章
elements to include in, check-
list of 包含在……的元
素，檢核表 155
journals for 的期刊 143,
144
Mixed methods research 融合
方法研究
core characteristics of 的
核心特徵 006, 029, 180,
181, 191
defining features of 的定義
特徵
definition of 的定義 001,
003, 013, 029, 033
publishing of 的發表
148, 156
questions used in 使用……
的問題 186
reasons and rationale for

using　支持採用……的
理由　023

requirements for conducting
執行的必備要件　037

sampling in　在……的抽
樣。　119　請參閱 Sam-
pling in mixed methods
research 在融合方法研究
的抽樣

steps involved in　的步驟
018, 032

understanding of　的理解
004, 005, 007, 012

Mixed methods study　融合方
法研究

audience for　……的讀者群
017

empirical　實徵的　165

evaluative criteria for　……
評鑑標準　171

integration in　在……的整
合。請參閱 Integration
整合

introduction to　的介紹。請
參閱 Introduction　介紹

planning of　的規劃　018

publishing of　的發表
148, 156

rationale for　支持採用……
的理由　023

rigor in　……的嚴謹度
008, 037

sampling for　對於……的
抽樣。請參閱 Sampling
in mixed methods research
在融合方法研究的抽樣

skills required to undertake
執行……需要技能　028

writing of　的寫作　101,
104, 141, 143, 149, 151,
156

Mixed methods teams　融合方
法研究團隊　038, 039, 051

Morse, J. M.　摩爾斯　096

Multistage evaluation design
多階段評鑑設計

challenges associated with
相關聯的挑戰　073

description of　的描述
023

diagram of　的圖解　069,
081, 083, 091, 092, 093,

095

intent of 的意圖 053, 056, 057, 059, 061, 066, 070, 072, 076

procedures for conducting 執行程序 041

research question 研究問題 113, 114, 115, 116

strength of 的強項 073

Murphy, E. 墨菲 051, 175

National Institutes of Health (NIH) 國家衛生研究院，簡稱 NIH

"Best Practices for Mixed Methods Research in the Health Sciences," 「衛生科學融合方法研究的最佳實務」 170

description of 的描述 023, 085

National Science Foundation (NSF) 國家科學基金會，簡稱 NSF 168

Nicholl, J. 尼柯爾 051, 175

Niehaus, L. 涅豪斯 131

Nonprobability sampling 非機率抽樣 121

Notations, for diagrams 圖說記號，用於圖解的 082

O'Cathain, A. 歐凱倫 051, 157, 175

Office of Behavioral and Social Science Research 行為與社會科學研究局 104, 169, 170, 175

Ontology 本體論 025, 203

Onwuegbuzie, A. J. 昂韋格布茲 013, 175

Participatory theory 參與型理論 028

Permissions 許可 150, 152

Phenomenological qualitative designs 現象學取徑的質

性設計　046

Philosophical framework　哲學的架構　012

Philosophy　哲學　180, 181, 185, 186, 191, 202, 203

Plano Clark, V.　普萊諾克拉克　013, 034, 076, 116, 156, 175, 192, 193

Postpositivism　後實證主義　026

Pragmatism　實用主義　027, 203

Probability sampling　機率抽樣　121

Problem, of study　研究的問題

　existing literature used to address　使用來陳述……的既存文獻　101

　identifying of　確認　021

　in introduction　在【介紹】　101

　rationales for　支持……的理由　021

Problem statement　問題宣言　021

Procedures, added to diagram　程序，附加於圖解的　093, 094

Products, added to diagram　產物，附加於圖解的　093, 094

Protocols　研究計畫　161, 162, 174

Publishing　發表　141, 143, 146, 148, 149, 155, 156, 179, 180, 184, 187, 188, 189, 191, 192

Purpose, of study　研究目的　022, 032, 033, 041

Purpose statement　研究目的宣言　097, 100, 103, 104, 105, 106, 108, 115

Purposeful sampling　立意抽樣　122, 123, 125, 126, 127, 128, 129, 130, 131

Q

Qualitative data　質性資料

　collection of　的蒐集　010, 037, 059, 061, 062, 065,

084

integration of 的整合
117, 119, 132, 133, 134,
135, 136, 137, 138

in intervention design
在……介入設計 066-
069

Qualitative Methods in Health Research: Opportunities and Considerations in Application and Review 《衛生研究的質性方法：申請與審查的機會與考量要點》 172

Qualitative research 質性研究

　advantages and disadvantages of 優、缺點的 007

　case study 個案研究
　047, 049

　checklist for 的檢核表
　175

　description of 的描述
　023, 085

　designs used in 採用的設計 046

　narrative designs 敘事的設

計 046

phenomenological designs
現象學的設計 046

questions used in 使用……
問題 110

rigor elements for 嚴
謹……元素 008

sample size in 樣本大小
123

sampling in 在……的抽樣
119

skills in ……的技巧 045,
185

theory in ……的理論
028

Quality 品質

　description of 的描述
　023, 085

　standards of 的標準。請參閱 Standards of quality
　品質的標準

Quantitative data 量化資料

　collection of 的蒐集 010,
　037, 084

　integration of 的整合
　117, 119, 132, 133, 134,

135, 136, 137, 138

Quantitative research　量化研究

　　advantages and disadvantages of　優、缺點的　007

　　data analysis　資料分析　044, 045, 047, 048, 050, 081, 085, 086, 092, 093

　　questions used in　使用……問題　110

　　rigorous　嚴謹的　006, 008, 013, 037, 041, 045, 051

　　sampling in　在……的抽樣　119

　　skills in　……的技巧　048, 185

　　steps involved in　涉及步驟的　043

　　theory in　……的理論　028

Quantitative strand　量化分段　059, 060, 124, 125, 126, 127, 128, 130, 133, 201

Questions　問題。請參閱 Research questions　研究問題

Random sampling　隨機抽樣　121, 126, 127, 128, 129, 130, 204

Reed, V. A.　里德　170

Research Design: Qualitative, Quantitative, and Mixed Methods Approaches　《研究設計：質性、量化與融合方法取徑》（Creswell, 2014）　008

Research designs　研究設計。請參閱 Mixed methods designs　融合方法設計

Research questions　研究問題

　　hypotheses used in writing of　撰寫……的假說　109

　　identifying of　確認　021

　　mixed methods　融合方法　019, 020, 023, 034, 106, 116, 181, 182, 191, 192, 193, 204, 205

　　qualitative　質性的　020, 022, 026, 032, 034, 106, 107, 112, 113, 114

quantitative　量化的　020,
022, 029, 032, 034, 105,
106, 107, 112, 113, 114
Researchers, skills required by
研究者，必備的技巧　037

S

Sample size　樣本大小
considerations for　……考
量的　121
in qualitative research　在質
性研究　125
Sampling in mixed methods re-
search　在融合方法研究的
抽樣
advanced designs　進階設
計　119, 129
convergent design　併列設
計　124, 125, 126, 130,
133, 134, 135, 136
description of　的描述
023, 085
explanatory sequential design
解釋型序列設計　127,
128, 133, 136, 137

exploratory sequential design
探索型序列設計　128,
129, 133, 136
intervention design　介入設
計　129, 130, 131, 134
qualitative research　質性
研究　119, 120, 122, 123,
124, 125, 126, 138
quantitative research　量化
研究　120, 123, 125, 126,
128
Saturation　飽和　123, 205
Schifferdecker, K. E.　薛佛德
克　170
Scientific development　科學
進展
core characteristics　核心特
徵　006, 037, 180, 181,
191
overview of　的綜覽　096
terminology　專有術語
171
Script　腳本
for purpose statement　……
目的宣言　103, 105, 106
for writing introduction　撰

寫……介紹　099, 100

Sequential design　序列設計。請參閱 Explanatory sequential designs　解釋型序列設計；Exploratory sequential designs　探索型序列設計

Side-by-side joint display　併列聯合展示　135, 187

Skills　技巧
　in qualitative research　在質性研究　046, 060, 110, 125
　in quantitative research　在量化研究　046
　types of　的類型　044, 046, 049

Smith, Kate　凱特‧史密斯　172

Snowball sampling　滾雪球抽樣　121, 123

Social justice design　社會正義設計
　advantage of　的優點　060, 068, 071, 073
　description of　的描述

023, 085

　diagram of　的圖解　069, 081, 083, 091, 092, 093, 095

　intent of　的意圖　053, 056, 057, 059, 061, 066, 070, 072, 076

　procedures for conducting　執行程序　041

　research question　研究問題　097, 099, 100, 102, 107, 108, 109, 110, 111, 112, 113, 114, 115, 116

Social sciences, standards in　社會科學，在……的標準　163

Social theoretical model　社會理論模式　012

Social theories　社會理論　012, 185, 186

Standards of quality　品質的標準
　description of　的描述　023, 085

　disadvantages of　的缺點　033

in health sciences 在衛生
科學 163, 165
need for ……的需要
162, 163
overview of 的綜覽 096
in social sciences 在社會
科學 163, 179
summary of 的摘述
types of 的類型 141, 188
Stange, K. C. 史坦吉 157,
192
Structure of Scientific Revolutions, The 《科學革命的結
構》（Kuhn, 1962） 026
Survey Research Methods
《調查研究方法》（Fowler,
2008） 121, 122
Surveys 調查 042, 044, 046

Teams 團隊 035, 037, 038,
039, 040, 051
Terminology 專有術語 171
Theme-by-statistics joint display 主題與統計對照的聯

合展示 135, 136
Theoretical frameworks 理論
架構 011, 012, 030
Theory 理論
behavioral 行為的 192
in qualitative research 在
質性研究 019, 020, 023,
024, 025, 027, 028, 031
in quantitative research 在
量化研究 027, 028
social 社會的 192
specifying of 的具體明細
化 073, 074
Threats to validity 效度威脅
031
Timeline, in diagram 時間
軸，在圖解的 086
Title, of diagram 標題，圖解
的 085
Title, working 標題，工作的
019
Topic, in introduction 主題，
在【介紹】 100, 101
Transformative design 轉化
型設計 010
Transformative theoretical

model 轉化型理論模式 012

Transformative theory 轉化型理論 012

Turner, L. A. 透納 013, 175

2002 User-Friendly Handbook for Project Evaluation, The 《2002 年版研究專案評鑑使用者友善手冊》 169

U

Unobtrusive data 非干擾式的資料 068

V

Validity threats 效度威脅 031

Values 價值 025, 026

Vertical orientation, of diagram 垂直構圖，圖解的 085

W

Working title 工作標題 018, 019

Worldview 世界觀 018, 025, 026, 027, 033

Z

Zhang, W., 張婉清（譯音） 149

您，了没？

趕緊加入我們的粉絲專頁喲！

教育人文 & 影視新聞傳播～五南書香

等你來挖寶

【五南圖書 教育／傳播網】
ttps://www.facebook.com/wunan.t8

分絲專頁提供——

書籍出版資訊（包括五南教科書、
知識用書，書泉生活用書等）

不定時小驚喜(如贈書活動或書籍折
扣等)

粉絲可詢問書籍事項（訂購書籍或
出版寫作均可）、留言分享心情或
資訊交流

封面圖
不定期
會更換

請此處加入
按讚

國家圖書館出版品預行編目資料

融合方法研究精簡讀本：量化與質性的融合
研究法／John W. Creswell著.李政賢譯.--初
版--.--臺北市：五南,2017.03
　面；　公分.
譯自：A concise introduction to mixed methods
ISBN 978-957-11-9069-3（平裝）
1.社會科學 2.研究方法
501.2　　　　　　　　　　　106001782

1H1D

融合方法研究精簡讀本
量化與質性的融合研究法

作　　者 ― John W. Creswell

譯　　者 ― 李政賢

發 行 人 ― 楊榮川

總 編 輯 ― 王翠華

主　　編 ― 陳念祖

責任編輯 ― 陳俐君　李敏華

封面設計 ― 陳翰陞

出 版 者 ― 五南圖書出版股份有限公司

地　　址：106台北市大安區和平東路二段339號4樓

電　　話：(02)2705-5066　傳　真：(02)2706-6100

網　　址：http://www.wunan.com.tw

電子郵件：wunan@wunan.com.tw

劃撥帳號：01068953

戶　　名：五南圖書出版股份有限公司

法律顧問　林勝安律師事務所　林勝安律師

出版日期　2017年 3 月初版一刷

定　　價　新臺幣320元